人の道

知的障害者施設、密室世界の捏造記をあばく

橋本廣秋

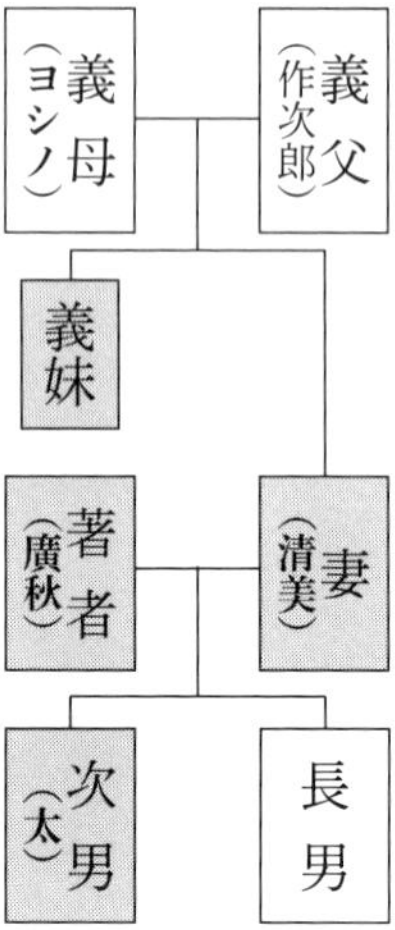

《施設側の主な登場人物》

厠倍　州遠（クサバ　シフト）
善乃　呼篠（ヨシナ　コシノ）
邑右内　甫（ムロフ　ハジメ）
長為　旬市（オサタメ　シンシ）
缶革　尾龍（カンカク　ヒリフ）
斎環（サイタマ）

《人の道》 も・く・じ

一　三十七歳の挑戦

峰根《ほうね》は『つづら』の駅（現在の福島県いわき市・常磐線内郷駅）から4キロほど山間地に入った炭鉱の村です。小高い山が四つの雛壇状に整地され、その真ん中に階段を設け、長屋が一棟十軒ほど、左右に八棟、さらに平地にも五、六棟と炭鉱の共同浴場がありました。それから、ひと月に一回ほど来る鍛冶師の鍛冶屋があった。そこが、私の生まれたところだ。

昭和二〇年八月、空襲警報が鳴ると、長屋の上にある本坑の杭口が避難場所になっていて、そこへ逃げるのであった。

そこからは、南東の方角に、福島県平《たいら》の街の広がりがよく見えた。

警報が鳴りひびく中、急いで本坑の入り口に辿り着き、平の方を見ると、凄まじい音と共に、赤、青、黄色の光が美しく見えた。幼児の私は、思わず、

「うわぁ！　すごくきれい！」

すると、罵声とともに大人の拳骨が私の頭に飛んで来た。

とても痛かった。だが、平の街が空襲の被害にあったのだった。今なお、花火を見るとあの時の空襲が思い出される。

それから数日後だった。日本は戦争に負け、炭鉱の村に朝鮮の人が大勢で襲ってくるという噂がたち、木刀や刀などが何処からか集められ、天井裏に隠されていたことをうろ覚えに覚えている。

何時も父と母の喧嘩が絶えなかった。そして最後にその巻き添えを受けるのは、何時も私だった。父は酒を飲むと暴れ出し、

「おめは、俺の子でねえ」と言っては、石炭を掻き出す鉄の棒のデルキで私を叩く。

母は、私を庇って姉と夜逃げをした。何度も何度も！

このようなためか、私は父に抱っこして貰った記憶がない。

普段は、おとなしく穏やかだが一旦酒が入ると、父の暴力はエスカレートしていき、まな板や包丁が飛ぶ。そのまな板がちょうど母の左眼の上を直撃して、顔全体が黒紫に腫れたことも度々あった。


嬉しいにつけ悲しいにつけ思い出すのは、忘れもしない、私が小学四年の九月一日のことだった。

母は、醜い口論の末、酒乱の父に見切りをつけ、私が家にいない時に、姉を連れて家出を決行した。

「おめは、俺の子でねえ」と言う父のところに、なんで私一人だけを置いて行ってしまったのだろう。

その日から、父との暮らしが始まった。父は炭鉱の軌道屋と言って、トロッコのレール

を敷設する重労働の仕事をしていた。だから、体の疲れを取るためには、毎晩、酒を飲むことが何よりの楽しみだったのだろう。

私が学校へ行くと、同級生に、

「おめえ家《げ》の父ちゃんと母ちゃんが､何時も喧嘩していたが、とうとう夫婦別れしたんだってな」

と嘲笑され、虐められ、毎日が針の筵の地獄だった。

同級生を恐れ、毎日の家事に追われ、会社の売店が開いている限られた時間に買い出しに行かなければならない。そんなことから、学校とは次第に疎遠になっていった。

父は、私と一緒に暮らすようになってからも、さらに深酒をするようになり、そして、必ず暴れた。

父が寝入るまで、真冬でも夜の闇の中を彷徨い歩き、時間を費やした。家に戻っても、父が寝ていない時は、地蔵堂の隅で団子虫のように丸まって一夜を過ごした時もあった。

「あぁ、こんな親なら居ない方がよっぽどましだなぁ」

と心に深く思いつつも、私は、子供であったため、その日その日を一生懸命堪えるしかなかった。

そして、三年後の冬、忘れもしない鉛色の雲が低く暗く垂れ込めた正午過ぎのことだった。父の会社の上司に、

「シロちゃん（シロは私の幼少の呼び名）、気を落とすでねえど、おめえの父ちゃん死んじゃたんだ。おんちゃん（おじさん）と一緒に車で行くべ」

と、静かに、そして、低い声で告げられた。

言われるまま、上司が乗って来たトラックに乗って宮診療所まで、死んだ父を迎えに行った。父はトラックの荷台に敷かれた菰の上に寝かされ、身体は白いシーツで覆われ、生きていた時の父の面影は、そこには、なかった。脳溢血死だった。

家（人夫の休憩所に使っていた粗末な小屋）に着き、父を北向きに寝かせ、そして、蝋燭と線香に火を点した。

母は、同じ町に住んでいたが、姉を奉公に出し、所帯を持って暮らしていたため、来てはくれなかった。そのうち、上司も、

「夜が遅くなったので俺も家に帰るから、火の始末だけには気をつけるんだぞ」

と言って五〇メートルほど離れた自宅に帰っていった。

私は親不孝かもしれないが、父に対し憎しみこそあれ、尊敬など微塵ももっていなかった。父の死によってむしろ、これからの人生に少しでも希望が開けたような気さえしたのだった。

しかし、今朝、仏様になったばかりなのに、父は私だけにしか見守られていないのだ。なんと惨めな事ではないか。そう考えると自然に涙がこぼれ落ち、ただただ悲しかった。

これが血の繋がりと言うものなのか。今夜は、線香の火を絶やさず、私一人で父を見守ってやるのだ。少しも恐ろしいとは感じなかった。

被っている白い布を取って見ると、父の顔は生きていた時の鬼の形相とは程遠く、打って変わって穏やかな顔になっていた。人は、死ぬと皆、穏やかな顔になれるものなのか、不思議だった。死斑が早くも首筋のあたりに滲み出ていた。

父の顔を見ていると、虎落笛《もがりぶえ》だろうか、遠い冥土へ行く途中で振り向き、

「お前には本当に苦労をかけ、すまなかったなぁ」

と、父の謝る様な声が幻となって、私の耳に聞こえてくるのだった。

生前、父はよく田舎の宮城県に自分の田畑や山がたくさんある、と自慢していた。明日にはその宮城から、未だに逢ったこともない伯父が来てくれるのだ。突然の電報を受け、さぞかし驚いているだろう。もう汽車に乗って此方に向かっているだろうか。それまでの辛抱なのだ。

父は何故このような死を迎えなければならないのか。父のような生き様だけはしたくないと思い、父の生きて来た人生に思いを馳せた。そして、

(あぁ、弔うということは、死んだ人の一生を問い、その死に学び、これからの自分の人生に役に立てて生きて行くことなのだ)

と、子供心にそう感じた。

小屋の隙間から夜通し入って来る風はさすがに冷たく、死んだ父の亡骸の傍らで朝になるまで一睡もせず、一人で過ごした。長い長い忘れられない夜だった。

会葬の日の朝は、今にも雨が降りそうで、私の心のようであった。心待ちにしていた宮城の伯父の姿もなく、会社の僅かな人達だけの寂しい野辺の送りであった。

父が死んで、茫然としている私に、近所の人が百姓の家の奉公先の話を持って来てくれた。

「学校にも行かしてくれると言っているし、子守り程度の仕事さえしていればいいんだよ。自分の子供のように面倒を見てくれるそうだ」

との話で、東京の江戸川の百姓の家へ奉公にあがった。

その家へ行ってみると、学校へ行けるのは農閑期のわずかなうちだけで、行っても午前中の昼までで、あとは朝早くから肥溜めから肥を担ぎ、畑まで運び、夜は十時頃まで縄綯《なわな》いなどをする毎日であった。

ある時、背丈の低い私は、肥籠が地面に引き摺った拍子に転び、もろに肥を頭から被ってしまった。

「あぁ、このような日々を送っていたら最後には体を毀し、死んでしまう」

と痛感したのだった。

せっかくこの世に生まれてきたのだから、体を悪くしては何にもならない。ここは所帯を持っている母に泣き付いて、あと中三の一年だけ、面倒を見て貰うほかないのだと決心した。此処にいるよりは生き延びられる。嫌なことが待っているにしろ、相手の人も鬼ではなく人間なのだから。

それでも父が死んで一年間、頑張って来たことを糧にしてやってみるほか、私の生きる道は無いのだからと〈いわき〉に戻った。

母は所帯を持っていたが籍は入れて無かった。一つの家に三人が住み、三つの苗字がそこにはあった。

今思うと、松尾芭蕉が『奥の細道』の市振で詠んだ句、〈ひとつ家に〉だ。

毎朝炭鉱の長屋に、声を張り上げ納豆を売って、自分の小遣いを稼ぐ。月に二、三度は、義理の父にお酒を買ってやることで喜んでもらえた。

無事、中学の卒業証書を手にすることが出来た。が、あまり学校に行かなかった私は、卒業しても新聞の字もろくに読めなかった。そのため、住み込みで働いている私は、職場の人に、

「義務教育を卒業していても、こんなに字も読めないのか」などと馬鹿にされたりしていた。

そのようなこともあって、アチーブメントを買い、独学を試みたのだが限界を感じ、

二十三歳の私は定時制高校の門を敲いた。

母は、義理の父とも別れ、私一人で暮らすことになったが、入学し、学期を終えた時、ＱＫ県ＱＯ市に嫁いだ姉が事故に遭った。母に、

「晃子の傍のＱＯ市へ行って看てやりたいのだが、おめえも一緒に行くか」

と誘われ、ＱＯ市の高校へ転校した。

私がＱＯ市の定時制高校に通っている時、同じ職場の人と縁があって結婚することになった。ＱＯ市での新婚生活がはじまった。

どんなことがあっても家族を大切に守ることを誓い、毎日、楽しい生活を送っていた。

そして、子供が授かった。

私は、二歳で世界地図を広げては、各国の国旗を覚えるほどの長男の将来を楽しみにした。しかし、どうしたことなのだろうか、長男は度重なる熱性痙攣に襲われ、軽度の知的障害に陥ってしまった。

あまり丈夫でない妻と、子供と、それなりの楽しい生活を送っていたある日、妻が、

「二人目の子供を授かったようだ」と言った。

私達は喜びに浸り、病弱な妻ではあったが、すでに長男を無事に出産しているものだから、授かった子供が健康で生まれてくることを願っていた。だが、出産予定日を過ぎても

なかなか出産の兆しが無い。医師は、

「このままだと母子の命が危なくなるから、帝王切開で出産しましょう」

と。しかし、産まれてきた次男の太《タケシ》は、重度の知的障害のダウン症だった。

「心臓に穴が開いているため、直ぐに手術をしないと、三歳位までしか生きられないですね」と医師に言われた。

「手術すれば何歳まで生きられますか」と訊くと、

「そうですね、七から十歳くらいですかね」と答えが返ってきた。

「手術をしてもそのくらい迄しか生きられないものならば、痛い思いをさせてまで、やりません」と断った。医師は、

「このような障害を持った子供は、発達は遅いが純粋で可愛い子供ですから、頑張って育てて下さい」

と柔らかい、丁寧な言葉を選んで言ってくれた。が、しかし、いま産まれたばかりの小さな嬰児が、わずか三年しか生きられないと思うと、ダウン症という言葉に、私も妻も打ちのめされた。ただただ涙するばかりだった。

人は、誠実に生きても悲しみは常にわが身にやって来るのだ、と思いながらも、自暴自棄になってグレるより、誠実に生きる道しか考えられなかった。

「私は、子供のために頑張って生きていきます」

と妻が言った。

「俺もこの子らのために懸命に生きて行く覚悟だ。二人で健康に注意して頑張って生きて行こうな」

と言った。が、そうは言っても恐ろしいほど絶望の淵に立たされ、悩み、苦しんだ。

菩提寺の住職に悩みを打ち明けると、

「子供さんと同じ障害を持った人達の世話をしながら自分の心を癒してみてはどうか」

と助言をして下さった。

「このまま悩みを持ち続けていれば、最後には一家心中にもなりかねないと心配してくださったのであろう」

と妻に話すと、

「貴方が最後まで頑張り通すと約束するなら、あなたの学費は何とかします」

と言ってくれた。

妻の言葉に励まされた私は、准看護学校の試験を受験することにした。

三七歳、生涯の賭けである受験に合格した。

S付属准看護学校に入学した私は、その病院に就職した。午前中は病院で雑用をして働き、午後は准看護学生となって勉強する日々の毎日になった。

入学してみると、一月に十数回の科目別の試験がある。六〇点未満は〈赤点〉となり、ひと試験ごと、五百円を支払い、追試を受けなければならない。なんとか〈赤点〉になることもなく、一年が過ぎた。

二年生になると週のうち四日の看護実習が組み込まれる。

実習病院は、片道二五キロ余り離れたHR市のKS病院だ。KM駅から歩いて三分の所にあるわが家から、電車とバスで行けばワケは無いのだが、電車とバス賃を家計から捻出することはとても無理だった。

学校の実習病院へ行くアンケートには、迷わず〈家から自転車で通う〉と記入した。すると、教務主任の白木先生は、体重四三キロの小柄な私を見て驚かれたが、私の意志の強さを評価してくれ、先生の許可は下された。

朝五時に起き、QO市のわが家からKS病院までの往復五〇キロ余りの道を自転車に乗って一号線を只管走った。天気の良い日にはいいのだが、風の強い日や雨の日は大変で、特に雨の日は合羽を着て走る。自転車に乗ると私の丈はトラックの大きいタイヤの直径に及ばず、接触されそうになり、身の危険を感じたことも度々あった。化粧坂《けわいざか》付近に近付くと、バスの後ろに乗っている同級生が、

「頑張って」

と〈無情〉にも手を振る。私は、漸くに手を挙げ、それに応えるのだが、それは私を惨めにさせた。私は自問し自答した。

今、この一瞬の苦労は、他山の石が研磨される時に似て、それは、どれほどの痛みや辛さ、苦しみを堪えながら磨かれていくのだろう。この身を削られるほどの辛苦を乗り越えた時、私の心に驚くほどの美しい輝きが感動として残ることを信じるほかなかった。

准看護学校を卒業する時、白木先生が、

「これからの男性は、准看だけでは不十分だと思うのです。二年間、〈赤点〉も取らず、自転車で実習病院へ通った頑張りがあったのだから、進学すべきです。このようなことを言うのは失礼だと思いますが、私が学費を立て替えてあげますから、卒業して余裕が出来たときに返してくれればよいです」

と、O看護専門学校の進学を勧めてくださり、そうしてO看護専門学校の入学試験に合格したのであった。

しかし進学したものの、准看護を卒業したばかりの身では学校と家庭を両立していくだけの給料は貰えず、学費も払えないことから、専門学校の教務主任の伊東先生に退学の相談をしたところ、

「じゃ、私がバイトを見つけるから頑張って。もし学校と両立できなくなったら、その時

に辞めればいいのでは」

と、アルバイトを紹介して下さった。

バイトとS病院と学校の、三足の草鞋を履くことになった。

私が家族と共に家で夜を過ごせるのは、ひと月に三日ほどでしたが、学校を一日も休むことなく、四二歳で卒業できた。

国家試験に合格して、妻との約束を果たし、バイトも家計の安定を得るまで七年間やり通すことができた。

H元太の施設年表

（平成二五年六月六日に閲覧した記録から）

平成三〇年三月三一日作成

H15・4・17母が病弱な為、QA園に入所する

5・19活動時KTさんに突然、右頬を叩かれる

6・19入浴時SKさんに髪を引っ張られ頬を抓られる

H16・6・10腕を誰かに噛まれる

【外泊時、噛まれた痕が度々有った為、帰園時の都度太に合った寮の移動を頼むも無視された。平成一七年、一八年にも外泊時噛まれた痕が有ったが記録なし、噛まれた痕が体中にトータルで二〇数か所以上有ったが五分の一程しか記載されてない】

H18・6・27脇腹に痣があり、肩には噛まれた古傷があり

H19・8・26外泊入浴時、太の鶏卵大の腫脹を発見、睾丸腫瘍の疑いと考えた（記載無）

8・27YT記念病院受診、睾丸腫瘍と診断される（記載無）

9・6　YT記念病院に入院する
9・7　睾丸腫瘍摘出術施行。その後経過良好九月一五日退院
H20・2・22　パニックになった右膝をIさんに噛まれている
3・6　SKさんに突き飛ばされ転倒。右側頭部を強打タンコブあり、1〜2cmの裂傷二か所あり出血。ゲンタシン塗布
【この傷は今でも禿げになっている】
8・11　Iさんに押されMさんと絡み転倒、後頭部を打つ。目だった外傷は見られず。「二四時間様子観察」と記載されているが以下記録なし
【翌日外泊迎えに行ったが連絡なし】
9・16　背中をIさんに噛まれる。保護者には連絡済
【連絡など受けていない】
H21・2・2　左踵部腫脹を父が見つけKM整形外科受診、剥離骨断
【これも他者から蹴られたか物を投げられ当たったと考える】
2・25　母、意識不明となり入院
5・29　昼に興奮したOMさんのトバッチリで顔面を殴られる。怪我はない

H22・8・25　母逝く

1・31　外泊の為迎えに行く。頬に引っ掻き傷あり、問うと
ＯＴ氏謝罪する

5・27　手首に痣の様な物がみられる。なんだろう
【誰に打たれたのか不明】

11・4　朝、顔に傷がありＡＫさんにやられたと思われる

H23・8・29　背中をＩさんに噛まれる。お父さんに謝罪の電話を入れている
【これは《噛まれる》の後は空白であった。そして私
は連絡を受けていない】

9・1　Ｉさんが興奮し、八つ当たり、椅子に座っている太の首を
引っ張り、椅子ごと仰向けに転倒、床に頭を強打、脳震
盪を起こし、意識不明になり、一分程意識が無く立ち上がる
【（十分、一時間かも、どれ程の痛みに堪えたのか、
脳内出血はなかったのか）この記録は太の記録には有
るがＩさんの記録にはない。これも医師には診せず親
にも連絡はなし】

10・4　ＡＫさんに左首を引っ掻かれ傷が出来る

H24・1・6　Mさんと VSとばっちりでIさんに左胸下を噛まれる
1・23　〈OMさんに押され〉夕食前転倒され瘤はない
【頭部なのかどこかは不明】
3・15　首筋に引っ掻き傷、AKさんに八つ当たりされる
5・23　右上腕胸部付近Iさんに噛まれる。イソゲルで消毒
8・25　Mさんの挑発に暴発、Iさんに背中を噛まれる。
イソジンで対応。
【この様な事故等は、虐待幇助ではないかと考える。
この記録の下は空欄であった】

太の記録には、椅子に当たったという記載はなかったためIさんの記録を見て行くと、二四年八月二九日に《椅子を投げた》だけの記録があったので、書き方の指導をしたのだが、それに合わせて後日、太の記録の八月二五日以降が空白であったところに、捏造した記録が追記されていた。

9・12　MNクリニック通院。胸部レントゲン施行後、肺炎は

完治したが、気管支拡張症に成っているため、熱を出した場合肺炎になる可能性が有るため早急に通院を心掛けて下さいと指示を受ける

【（十一日、帰園時、明日の受診日を聞き）この時は私も同席していたため「どんな些細な事でも何か有ったらと再三言っていますが私に連絡して下さい」と再度頼んでおいたが総ての事故が連絡なかった】

9・21　〈左腕〉再び傷になっている。ＯＫさんに引っ掻かれた様です。ゲンタシン塗布しています

12・19　ＭＮクリニック通院。再度、気管支拡張症あり。今後も肺炎が心配、発熱時は早急に通院を心掛けて下さいとの指示を受ける

H25・3・21　ＭＮクリニック通院、レントゲンの結果、医師から「右肺に軽い肺炎があります。右肺はどうしても肺炎に成り易いため、前回も言いましたが熱が出たら直ぐに受診を心掛けて下さい」との再指示あり

4・15　園に支払いと契約後一寮に行き黒紫の毬の

様な腫脹の太の顔を見る。「如何したのか」職員が傍に有った椅子を指し「一昨日、Iさんが投げた椅子が顔面に当ったのです。様子観て下さいと指示を受けています」と職員。
私「まだ体調が良くないので、どんな些細な事でも何か有ったら連絡してください」と再三頼んで、お願いして来た。

5・10 昼食時、食が進まないため、一三時三〇分検温三八・二℃、一五時三〇分三八・二℃。一九時三〇分三七・七℃

5・11 朝、三六・五℃

（体温計が腋窩動脈に届いてない時は、一～三℃の誤差が生じる。ＹＫさんがインフルエンザに罹患した時、職員が検温したら三六・四℃と言うため、私が再度測ると三八・七℃であった）

5・12 二〇時三〇分、二三時共三八・八℃

一五時一五分三九℃

（昨日の一五時一五分から検温せず）

5・13 二時三九℃。六時四〇分三七・一℃。ＭＮクリニック受診一四時四〇℃。一五時四〇分頃園から電話あり、「太さんが一〇日の夕方から三八～三九℃の熱が有ったが土、日が重なり職員の手が無く重度の肺炎、手遅れになり、救急車でOJ病院に入院しました」と。
「先月は、Iさんが投げた椅子が顔面に当って黒紫に顔を腫張させ、今度は、肺炎手遅れだとは、どの様な支援をしているのですか？」
「何故もっと早く熱が出た時に受診をしなかったのか」と医師にも言われる。

その後、太は食欲もなく、歩くこと出来ず、膿胸となり快方に至らず。

5・21 手を尽くしたが膿胸に移行しOJ病院からTKD病院に転院。私が同乗する救急車で入院してから、食欲も無くなって来た。

6・6 入院以来、食事の摂取出来ない太は、羸痩が目立って来た顔を良く観ると鼻の骨が突出していた。

此れは平成二五年四月一三日にIさんが投げた椅子が顔に当ったのが原因と考えられたため、六月六日QA園に行き太の記録を持って来た職員と丁寧に見たが椅子に当ったと言う記載はなかった為、Ｉさんの記録を見て行った。平成二四年八月二九日の欄に『椅子を投げた』だけの記録が有ったので記録の書き方などを指導したのだ。『椅子を投げた』だけの記載では記録で無い事などを教えたのだ。

太の二四年八月の記録は、八月二五日にホリカ氏の〈背中〉Ｍさんの挑発に暴発したＩさんに背中を噛まれる。イソジンで対応〉の下は空白であった。椅子が当たった等のそして、命を落とす様な事件が五回以上も有ったにも関わらず総て医者に診せいてない事がわかった。

後日、再度記録をみて驚いてしまった。七月五日園から電話が来て話をした記録が、此の六月六日の欄に、私が話したことと全く逆なことが、誠がましく記載されていた。そればかりか、この公文書には、私を《認知症の様な話しかただった》などと記載しているのだった。

☆　☆

成年後見人報告の為再度記録を閲覧捏造改竄隠蔽の記録判明とその後

平成二六年四月下旬に再度、太の記録を見て行くと、二四年八月の記録の記載には、八月二五日のホリカ氏の記録の記載した以下は空白であった。

しかし、平成二五年六月六日に見た時は無かったので、Ｉさんの記録を見て行くと、〈椅子を投げた〉だけの記載が有った為、職員と【会話５】の話をして記録の書き方などを教えたのだ。

それなのにＩさんが投げた椅子が当たったという、捏造した記録が追加して記載されていたのだ。

これは、太の記録を見たが椅子に当たったという記録が無かった為、Ｉさんの記録の、平成二四年八月二九日のところに、〈椅子を投げた〉だけの記録が有ったのに合わせて捏造記載したのである。そして、七月三日に『良く探したら椅子に当った記録も事故報告書もありました』と邑右内氏が言って五日には長為氏から電話があったのだがその電話の記録は、私が話した事と全く逆な事を六月六日の閲覧した日に記載されている事はどの様に考えても可笑し過ぎる。

園から平成二六年四月二五日に渡された資料2には『六月六日入院中の太さんの鼻の骨の出っ張りが気になると父が園に来たが、その様な記録はなく、良く探して見るとお伝えして、一旦お帰りいただく。その後（どのくらいの日にちか精査すると）事故報告書も記録も有り平成二四年八月二九日でした』という記載がある（概要）。此れは甚だ矛盾し過ぎる。これらを考察すると、捏造改竄したことが明確に証明されるのだった。

H25年6月7日
（此の日かどうかは不明だが）義妹の所に善乃氏が電話をかけている。記載あり

H25年6月24日
一四時過ぎ、わざわざ善乃氏と邑右内氏がTKD病院に太を面会に来ている。記載有り

H25年6月28日
（この日は不明だが）TKD病院で邑右内氏、善乃部長が面会した記録あり
その後、邑右内氏が私に「昨日善乃部長が面会に来て太さんの鼻の骨折を確認して『本当に骨折をしている。申しわけないと丁寧に謝って置いてくれ』と言っていました」と私に謝っていた。だが、この記載は無い。

はじめて園に行き閲覧したH二五年六月六日以後の記録からは読む人を惑わし混乱させるためか、適当な日付けの所に記載されてある。

H25年7月3日

（記録には記載されて居ないが）ＴＫＤ病院で邑右内氏が、「あの良く探したら椅子に当った記録も事故報告書も見付かりました。Ｈ二四年八月二九日でした」と言う。

「それは可笑しいですね。Ｈ二六年六月六日に園に行き事務長の缶革氏に聞いたら、『それは間違いでは無いですか、その様な事が有ったらＡＩＵの保険の請求の関係から事務所で事故報告書を保管する事になって居ますが、未だ嘗てその様な物は見た事が有りません』と言っていた為、一寮の職員と支援記録を見て行ったが太の記録に無かった。

その為、Ｉさんの記録を見て行くと、『Ｈ二四年八月二九日の欄に《椅子を投げた》の記録が有った。

ただ《椅子を投げた》だけの記録では記録になって無いです。投げた椅子がどの様になって職員がどのように対応したかを記載して初めて記録になるのです。と、記録の書き方を教えたのです。

もし有ったのでしたらそれは隠蔽しようと後で捏造改竄し追記したのですね。六月六日に見た時は無かったから、太の記録とＩさんの記録を見たのですよ」言うと顔色を変えた。

H25年7月5日

電話で一寮職員の長為氏から電話があった。

「あの良く探したら椅子が当った日の記録と事故報告書が有りました」と言う。

「一昨日も今、貴方と同じ事を邑右内が病院で話した事と同じことを話した。もし記録が有るのならそれは捏造し改竄したのですね」と言うと無言だった。

七月三日の邑右内氏の記載は無いが長為氏の記載には、私が話した事とまるっきり逆な事が園の都合の良い様に記載され、私を《少々、認知症とも思われる様な話し方でした》など私を馬鹿にし、愚弄する記録が、公文書平成二五年六月六日の欄に記載されてあった。

六月末か七月始、善乃《ヨシナ》氏から義妹に、《外泊時に太の痣と腫張の顔を見たか確認》の電話あり。

「母と同じ《ヨシノ》と言う名前であったため、絶対忘れない」と義妹談。

此の記録はＨ二五年六月七日に記載されている。

Ｈ二九年九月十九日と二二日に善乃氏が、マニュアルとは、ほど遠い手順の無い物（此れが「事故マニュアル」か、と言う文書）を持参した時、私が、

「太の骨折の確認の為、義妹の所に電話を掛け、ＴＫＤ病院に入院して居る太の鼻の骨折を確認しに行きましたね」と言うと、

「ＴＫＤ病院には行った事は行ったが見舞に行っただけです。また、妹さんに電話をしたのは確かですが何を話したか忘れました」と惚けていた。

Ｈ25年7月19日

ＴＫＤ病院を退院。その後、厠倍施設長に、「命を落とす様な事件が何件もあって危

機回避もせず、どの様に考えているのか」を伺うと「一寮の職員は一生懸命真面目に働いているのです。職員を精神的に追い詰める様なことは言わないでください。QA園は措置時代の体質を未だ引き摺ってやっているのです。同じ利用者間で起きた事故なので職員には一切責任有りません」と、脅しにも似た口調で威嚇するのだった。

☆

☆

再、記録閲覧その後の記録開示や現在まで

退院後、厠倍氏から、「太さんが椅子に当った時の顔の痣や腫れた顔の写真を撮って有りますか」と、会う度毎に言ってきたため、私はその都度、「私は記者でも写真家でもないから写真など撮っていません。園を信用しているから預けているのです」と言ってきた。

H25年7月23日　QO市立病院形成外科受診、診察の結果、鼻骨骨折と言われる。
H25年7月27日　昼食中、咽詰まらせタッピングしたら副食のミニトマトが丸ごと出た。
H25年9月21日　誤薬一八時二〇分頃、H元Mさんの薬を太に飲ませる。

H26年2月5日　Rさんに頭突きされる。太さんが手を触ろうとしたためか

4〜5月　成年後見人の報告の為、善乃部長が同席して太の記録を平成二六年四月下旬に再度、見ると平成二五年六月六日に太に『椅子に当った』と言う記載は何処にもなかったが『Iさんが投げ椅子が太の顔の髪の生え際の中央に当った』などが、平成二四年八月二五日ホリカ氏の記載の下の空白欄の所にIさんの平成二四年八月二九日の『椅子を投げた』だけに記録に合わせて、真実のごとく捏造改竄、追記されて有った為六月六日に記録を持って来た職員と話した『会話5』の話を善乃氏に話すと「チョク、チョク興奮すると傍らに有る物や椅子が手当たり次第に投げて困ってしまうなんてその職員が言ったのですか困っちゃうな」といっていた。

そして、平成二五年七月三日に『良く探したら椅子に当った記録も事故報告書も有りました』と邑右内氏が言って五日には長為氏から電話があったのだがその電話の記録を私が話した事と全く逆な事を六月六日の閲覧した日に記載されている事は、どの様に考えても可笑し過ぎる。

園から平成二六年四月二五日に渡された資料2には『六月六日入院中の太さんの鼻の骨の出っ張りが気になると父が園に来たが、その様な記録はなく、良く探して見るとお伝えして、一旦お帰りいただく。その後（どのくらいの日にちか精査すると）事故報告書も記録も有り平成二四年八月二九日でした』という記載がある（概要）。此れは甚だ

矛盾し過ぎる。これらを考察すると、明確に捏造改竄したことが証明される。

H26年5月19日　口頭での謝罪。

厠倍施設長に謝罪をする気はないのかと言うと、厠倍氏と善乃苦情係部長と私H元で一階のロビーコーナーの面会室で口頭での謝罪が有った。

厠倍氏から、「昨年の肺炎発症や利用者が投げた椅子が顔面に当り初期対応の遅れから鼻の骨折が治療困難と成ってしまい。太さんには痛い思いをさせ、お父さんには大変嫌な思いをさせて本当に申し訳有りません。御免なさい。此れはみんな施設長である私の責任です。本当に申し訳ありませんでした」と謝罪があった。

「数々の事故や事件の報告を受けていますか」と伺うと、

「その都度、随時受けています」と言っていた。《記録には記載ない》

H26年5月22日

善乃氏に、「『H二五年四月十三日に様子を見て下さいと』指示をした人は誰ですか」と聞くと、

「北向看護婦さんです」と言う。

看護師は、医師でも無いのに指示を出すことは出来ないのだ、まして、QA園の看護婦と言って勤務しているのは准看護師である《記録に記載無い》

H26年5月23日　右膝に痣があるのを発見。QA園に伝えると翌日主任に謝罪される。

H26年8月7日　謝罪文として書いた物を貰う。

その後、謝罪文を書いてくれるのかと待っていたが無かったため、厠倍氏に「子供の喧嘩では無いのだから口頭だけの謝罪ではなく、きちんと謝罪文を書いて下さいと」と言って謝罪文を書いて貰う。

その、謝罪文は、《利用者が投げた椅子が頭部に当り、その初期対応の遅れから鼻の骨折が治療困難な状態となってしまって。寮内で太様が日常的に他の利用者から暴力の対象となり、その改善を求めてきたお父様の指摘を受け止める事が出来ず、結果大きな事故に繋がった》と記載。【資料4】参照
H26年10月17日　園の厠倍氏から電話がある。

「あの勘違いをしているから話したいので園に来て下さい」と。園に行く
市の障害課の係長の斎環氏が、如何いうわけか来ていて、厠倍氏が、

「此の会談は録音を取らせて頂きます」と言う。

「私は何も間違った事はして居ませんからどうぞ」と云ったら、

「太さんの鼻の骨折の痣や腫れた顔はどの職員も見た人は居ません」と言って、「此れは平成二五年五月八日に撮った写真です」と言って、〈十五年の入所の中で撮った写真を出して来て〉、「此の通り写真には痣や腫れはないでしょう」と言って来た。

此の写真が本当に五月八日に撮った写真なら十日に肺炎を起こし十三日に救急車で入

院して何処で骨折したのか、辻褄が合わない。
「私が五月十五日に園に行った時、直に太の顔を見たから『Iさんが投げた椅子が太の顔面に当った』と言う為、知り得たのです。どんな些細な事でも何か有ったら連絡を下さいと再三お願いしていたにも関わらず一度も連絡の無い私が如何して知り得る事が出来るでしょうか」

H26年10月30日 念書を貰う
「保護者に事件を開示します」など色いろと記載されているが全く履行しない。

H26年11月2日 太の支援記録を開示して貰う
平成一九年七月と平成一九年一一月の記録が無いため、請求する。
「平成一九年七月は有ったのですが、平成一九年一一月の記録を書かないと言うことは絶対無いのですが、幾ら探してもありませんでした」と善乃氏

H27年4月15日 提訴する

H27年4月11日 保護者会総会で女性の役員に罵られる。

H27年7月22日 改築のため、太二寮から四寮（三階）308号室に移動する

H27年7月25日
308号室の窓が解放されて有り危険を感じて施錠をして貰う。
その後、食堂の南北の扉が全開して有り、職員が不在で利用者だけがベランダへ出入

りされている。危険な為、施錠促す。「落ちる人誰も居ないから」との職員の談。QY市の県庁の障害福祉課に赴き危機の回避を指導する様申し立てする。

H27年11月27日

意見書としてQA園が提出した、平成二七年一一月二六日付けでの緑木クリニック横川院長、黄林釣弁護士のQA園での証拠説明書の椅子の写真は、折畳みの椅子の写真が載っているが、私が平成二五年四月一五日に、職員に指差し確認した椅子は、折畳みの椅子では無く、廊下に常時置いて有った《**背凭れの付いた**》h型の写真**【写真1】**の椅子であったのだ。

H28年6月12日

朝八時半過ぎ園から電話で、「あの太さんが体に湿疹があり来てください」と。行って見ると体中が湿疹で中毒疹の様であった。

食事メニューを見るが、アレルゲンとなる食品は無い。看護学生の授業で見たスライドの急性薬物中毒疹と全く同じで、太は口を開けハァハァしている。

アナフラキシショック寸前である様な状態のため、「誤薬したのではないか」と尋ねると、「QA園は誤薬など絶対していません」と言う。

「二寮にいた時H元Mさんの薬を間違って飲ませた事があったよ」と言うと、「誤薬は絶対していません」と語気を強めて言い切るのだった。

此の日は日曜日の為、上病院で内科だが、診てくれると言うので受診する。

H28年6月13日
扉谷皮膚科へ受診すると急性薬物中毒疹と診断された。『お薬手帳』を見て「何時も飲んでいる薬には薬疹になる薬はない」と医師の談。

私も精神科病院で看護師として勤務していたから判るが、誤薬しか考えられない。

H29年9月14日　事務長との会話録音される。

H29年9月20日
善乃氏と面談。録音の開示を求めるも無視。

鼻の骨折を確認にTKD病院に行き、義妹に電話した事を確認。

「行ったのは見舞、電話をしたが、何を話したか忘れた」との談。

H30年3月22日　**《ホリカ》氏本人に聞く。**

平成二四年八月記録の二五日に、〈**Mさんの挑発に《暴》発したIさんに背中を噛まれる**〉とある。

この《暴》という字が、草書と言うか、読めない字だったので、カタカナでサインした本人の《ホリカ》氏に聞くと、「興奮の『奮』という字です」と言う。

「《奮》にしては形も違うし意味も通らない。暴ではないかな。暴だと何とか意味が通る」と言うと、

「あぁそうです。書いた本人も判らないなんて申し訳ない」と言う。

この記載の以下は、〈空白〉であった。そこに、Iさんの記録（平成二四年八月二九日）に、**《椅子を投げた》だけの記載**があったのに合わせて、〈Iさんが投げた椅子が太の顔の髪の生え際の中央に当たった〉と捏造改竄、追記されて有った。

そのため再度閲覧した時に、同席していた善乃氏に、

《平成二五年六月六日に、太の記録を見たが〈椅子が当たった〉という記録は何処にも無かったため、Iさんの記録**【（平成二四年八月二九日）に、《椅子を投げた》だけの記載】**を見たときの会話の終始を話す。すると、

「『チョクチョク興奮すると傍らに在る物や椅子を手当たり次第に投げて困ってしまう』なんてその職員が言ったのですか、困っちゃうな」と言った。

H30年4月14日

保護者会総会で保護者の皆さんに退所の挨拶と太の事件の詳細を伝える。

H30年4月27日

退所手続きにて、預けて置いたラジカセとカセットテープの請求をするも、「壊れたから捨てた」と言う。「預けた時は壊れて居ませんでした。カセットテープは」と言うも無言。

H30年5月30日

度々QA園通所施設の計画相談員の淵氏にラジカセの件について仲介に入って貰い、今日は、「園で何も返答がないなら被害届を警察に出すから」と伝えて貰う。
厠倍氏からの電話は、話の途中でガチャンと切られる。淵氏が明日、買い物に同伴する約束になった。

H30年6月1日

淵氏と同伴でラジカセとCDを買って弁済して貰った。

H30年6月4日

QO市の障害福祉課の下畑氏にラジカセとCDを弁済して貰った事と斎環氏が福祉課に戻って来たと言う為、話し合いたいと希望すると、「留守で居ません」と言う。奥を見ると斎環氏が居るのを確認、如何して嘘をつくのだろうか。

H30年6月11日

斎環氏に、平成二六年一〇月一七日にQA園で録音した物を開示して貰いたいと言うと「直接言ったら」と言う。《斎環氏の報告書には私の言った重要な事は記載が無く、QA園の厠倍氏の良い様な記録となっていた。》

H30年6月15日

再度福祉課に行き斎環氏に開示を頼むが拒否する。《此れは、調停に持ち込んだ方が良い》などのアドバイスを聞いたため、裁判所に調停についての話を聞きに行った。

二　入所施設は密室世界

最近、社会問題となった、神奈川県川崎市の老人入所施設や、津久井の知的障害者入所施設やまゆり園における殺人事件があった。これらの施設の中には、まさかと思いながらも、根強く残る〈優生思想〉を克服できず、また、障害者の人権を軽視した職員が隠れ働いているからなのか、と思わざるを得ない。

このような施設は、一つの密室的空間の世界であり、利用者の家族は、施設から何も連絡が無ければ事故や事件を知る由も無い。

この書は、〈施設〉での度重なる傷害事件の実話です。

本書のこの施設は、ＱＫ県の南西部に位置している。

南に太平洋、西の山並みには嬰児が昼寝をしているような山があり、北西に霊峰山、北に涅槃が臥床しているような寝姿の山並み、東は百本松峠の山並みが屏風のごとく葦空《よしぞら》平野を包み、冬は温暖で、夏は比較的涼しい。

本書はこの地にある、設立五〇余年の知的障害児入所施設、古膿《ヒサノ》学園と、知的障害者入所施設を併設した〈社会福祉法人ＱＡ会ＱＡ園〉の厠倍州遠《クサバシフト》施設長、苦情係で部長の善乃《ヨシナ》呼篠《コシノ》氏らとのやりとりを記したものです。

平成十五年四月十五日から、病弱の妻が腎臓病に因る人工透析になり、二人の障害の子供を看るのは困難になってきていた。

ダウン症で言葉も喋れず、自分の意志も訴えることの出来ない、次男の太《タケシ》。

私がS病院に勤め、QA園のボランティアで働いていた時、以前のQA園施設長KK氏が、

「H元さん、二人の障害者の子供を面倒看るのは大変なご苦労があるだろうね。奥様も病弱で、もし、何か困ったことがあったら何時でもQA園に相談して下さい。直ぐに入所などの配慮はさせて頂きますよ」

と、ありがたいお言葉で優しく声を掛けて下さった。

そのようなことからS病院付属のQA園に次男の太は入所することになった。


ひと月に一、二回の外泊を試みて、家に帰ると必ず風呂に入れ、体の点検をするのが日課となった。

太の身体は、いつも引っ掻き傷、打撲痕、中でも噛まれた歯型の痕が、日常的に首、胸、腋の下、腕、手、足と捺印を押した如く体中に、私が確認しただけでも二〇数箇所以上があり、無い日は無かった。

そのため、帰園の都度、

「このような、噛まれたり、蹴られたり、引っ掻く等の痕のある事故を放って置くと、大

きな事件に発展するから、太に合った寮に移動して貰えませんか。お願いします」

と再三再四頼んだ、だがしかし、

「太さんはMさん（太を何時も可愛がってくれている同じ利用者）とペアだから」

と言って聞く耳をもってもらえなかった。

手の掛かる太を、同じ〈利用者〉に看させて、放って置き、職員は看もしないで危機回避もしない、これは虐待幇助ではないのかと思った。

「どんな些細な事でも、何かあったら連絡をして下さい。直ぐに飛んで来ますから」

と帰園時、再三再四お願いするのを忘れなかった。


平成二四年十一月二七日、私は、癌検診で癌が見つかり手術を行う。

平成二五年四月十五日、園に支払いと契約に行った。

【会話1】

事務長の缶革尾龍《カンカクヒリフ》氏が、

「手術後の経過はどうですか」と、私の前立腺癌の手術を知っていて、聞いてきた。

「まだ、尿漏れがあり、これには閉口し困っています」

「どんな手術をしたのですか」
「お腹を切って手術をすると、人工肛門を一時考えなければと言われたので、お腹を切らないで、お腹に六つの穴を開けてカメラで手術したのですよ」と言うと、
「僕も大手術をして、あの人工肛門は大変らしいですね」

その後、契約をすませてから一寮で太に逢った。顔を見ると顔全体が黒紫に毬のように腫れていた。

●写真1　参照●

【会話2】

「如何したのですか」と訊ねると、
「一昨日、Iさんが投げた椅子が顔面を直撃したのです」と言うのだった。
傍にあったアルミニウムパイプ製の背凭れの椅子があったので、
「この椅子が当たったのですか」と訊くと、
「そうです。この椅子です」との返事だった。
「それで如何したのですか」と伺うと、
「様子を見て下さいと言われています」と言う。

地続きの同じ番地の隣が私の働いていたS病院で、歩いても三十秒ほどしか掛からない所に受付があり、ＱＡ園の嘱託医は、S病院の医師である。

病院で私が働いていた夜勤のとき、二回ほど、定刻の時間を一時間余り遅れての巡視があった。どうしたのか、遅れた原因を伺った。

「何があったのですか」

「ＱＡ園で事故があったので、この時間です」

との話であったため、当然医師に診せたと思っていたが、命に関わるような事件や事故が五件以上あっても病院で受診していないことが後で判った。

☆　☆

平成二五年五月一三日（月）午後三時過ぎ、園から珍しく電話があった。

「あの、太さんが十日の金曜日の夕方から三八度から三九度の熱があったのですが、職員の人手がなく、土、日が重なり、肺炎をこじらせ、ＯＪ病院に救急車で入院しました」と。

——記録では、十日の昼食時、食が進まないので熱を測ったら三八度二分の熱があった——

「人手がないなら金曜の時点でなぜ電話をくれなかったのですか？　あれほど、『何かあったらどんな些細なことでも連絡してください、直ぐに飛んで来ますから』と言っていたのに。連絡があれば私が救急車に付き添い、受診が出来、手遅れにならなかったのですよ。なぜ連絡をくれなかったのです。私が看護師だということは皆知っているのに。椅子が投げられて顔に当たってから、まだ一か月も経ってなく、今度は、肺炎手遅れだとは、如何いうことですか」

と言ってやった。

病院に行き、太の顔をよく見ると、鼻の周りに打撲痕が消失前の浅葱色、黄緑の薄っすらとした痣と腫れている弱々しい顔があった。

医師の話では、

「なぜもっと早く専門医に診てもらわなかったのですか。ここは循環器が専門ですよ。急患を取ってくれる病院がなかったから受けましたが、右の肺がこのとおり真っ白な状態です。手を尽くして診ますが、呼吸器の専門病院に転院するかもしれません」と言う。

——胸部のレントゲン画像には、白いペンキで塗りつぶしたように、右肺が真っ白く映っていた——

五月二一日、医師から、

「入院時にも言いましたが、なぜもっと早く受診しなかったのでしょうか。手を尽くして診ましたが、肺に膿が溜まって来ているため、専門病院に転院する手配をいたします」と。

病状が悪化し膿胸のため、救急車で私が付き添い、ＴＫＤ病院に転院となる。

入院後、拘束をされている太は、自立で歩くこともできず、転院してからも病状の改善も食欲もなく、今まで腫れていた顔がだんだん痩せて来た。太のその顔を見ると、右の鼻の骨が突出しているではないか。

〈これは先月にＩさんに椅子を投げられたのが原因だ〉と感じた。

三　記録の閲覧、杜撰な記録

平成二五年六月六日、入院から食も進まず痩せてきた太の顔を見て、鼻梁の右の骨が突出しているのが確認できた。

四月一五日に支払いに行ったとき、

「一昨日、Iさんの投げた椅子が太の顔面に当たった」

と言っていたから、それは**四月一三日**のことと思うが、もう一度、入院中に耳鼻科受診をと思い、確認をしに園に行って事務長の缶革《カンカク》氏に伺った。

●写真2　参照●

【※会話3】

「それは間違いではないですか？　そのようなことは聞いたことも無いし、そのような事故があったら直ぐにAIU保険の関係から、事故報告書を書いて提出し、事務所で保管することになっているのですが、未だかつてそのような事故報告書など見たこともないですよ」と缶革事務長が言う。

――事故報告書が書いてないとは、なぜなのか？　だったら日常の〈支援記録〉を見れば判ることだ――　と思い、

「事故報告書がないって本当なのですか？　そんなことがあるのですかね。それでは太《タケシ》の支援記録を見れば判ると思いますので見せて下さいませんか。太の記録には記載して

あるでしょうから」と私は言った。
記録を持ってきた一寮の職員、長為旬市《オサタメシンシ》氏と一緒に、H元太の記録を丁寧に見ていく。

——【資料1】支援記録から——

【支援記録から】

◆平成一五年四月一七日　母が病弱なため、QA園に入所。
五月一九日　活動時、KTさんに突然、右頬を叩かれる。
六月一九日　入浴時、SKさんに髪を引っ張られ、頬を引っかかれる。
◆平成一六年六月一〇日　腕を誰かに噛まれる
◆平成一七年と一八年も噛まれた痕が体にあったが記録には記載されてない。
◆平成一九年八月二六日　外泊入浴時、私が、左の睾丸が大きく（鶏卵大）腫脹しているのを発見。睾丸腫瘍の疑いがあると思い、八月二七日、YT記念病院受診。

「睾丸腫瘍です。よく見つけましたね」と医師が言う。

「外泊時、家に着くと、いつもすぐに風呂に入れ、体を点検することにしているのです。噛まれたり、打たれたり等、暴力行為の怪我の痕があり、私が看護師をしている者だからでしょうか」

九月四日　睾丸腫瘍の手術を行いますので、六日に入院し、七日に手術いたしましょう」と医師の診断で入院。

九月七日　睾丸腫瘍摘出術。

九月一四日　退院。その後、経過良好。

◆平成二〇年二月二二日　右膝をIさんに噛まれる。

三月六日　SKさんに突き飛ばされて転倒。右側頭部を強打。タンコブ有り、一〜二センチの裂傷二箇所あり出血、ゲンタシン塗布。

――この傷痕は今でも禿になって残っている。――

八月一一日　「Iさんに押され、Mさんと絡み転倒、後頭部を打つ。目立った外傷は見られず。二四時間様子観察の指示」と書いてあるが以下記録なし。翌日外泊のため迎えに行くも家族にこのことを伝えることはなかった。

九月一六日　Iさんに背中を噛まれる。

◆平成二一年二月二日　左踵踝部腫脹を父が見つけ、KM整形外科受診。結果、剥離骨折と診断される。これも他者から蹴られたか物を投げられ当たったものと考えられる。

二月二五日　母、意識不明になり入院。

五月二九日　昼に興奮したOMさんに、とばっちりで顔面を殴られる。怪我はない。

八月二五日　母、逝く。
◆平成二二年一一月四日　朝、顔に傷がありＡＫさんにやられたと思う。
◆平成二三年八月二九日　Ｉさんに背中を噛まれる。「父に謝罪の電話を入れる」との記録あり。
――「父に電話を入れる」の記録は六月六日に見た時はなかった。私は電話を受けてない。後から書き足したのだろう。――
九月一日　Ｉさんが興奮し、八つ当たり、椅子に座っている太の首を引っぱり、椅子ごと仰向けに転倒し床に頭を強打。脳震盪を起こし、意識不明になり、一分程（五分、十分、一時間かも）意識がなく立ち上がる。
――どれほどの痛みに堪えたのか、脳内出血は無かったのだろうか。このことは太の記録には記載されてあるが、Ｉさんの記録にはない。これも医者にも診せず、保護者にも連絡しないことは、人権侵害や保護義務違反ではなかろうか。――
十月四日　Ｋさんに左首を引っ掻かれ、傷ができる。
◆平成二四年一月六日　Ｉさんに左胸下を噛まれる。
一月二三日　〈ＯＭさんに押され〉夕食前に転倒させられる。瘤はない。頭部なのか、どこの部位かは不明。
三月一五日　首筋に引っ掻き傷、ＡＫさんに八つ当たりされる。

五月二三日　Iさんに右上腕部付近を噛まれる。
八月二五日　Iさんに噛まれる。
——このような事故を放置していることは、虐待幇助になるのではないかと考える。——
九月一一日　外泊帰園時、明日MNクリニックに通院すると聞く。
九月一二日　MNクリニック通院。胸部レントゲン施行後、肺炎は完治したが、気管支拡張症になっているため、今後、熱を出した場合、肺炎になる可能性があるため、早急の通院を心がけてください、との指示を受ける。
——このときは、私も受診に同席したため「発熱時は早急に私へ連絡を、どんな些細なことでも何かあったら連絡してください。すぐに飛んで来ますから」と邑右内《ムロフ》氏に頼んでおいたが。——
十月一九日　MNクリニック通院。再度、気管支拡張症がり、今後も肺炎が心配。発熱時は早急の通院を心がけてください、との指示を受ける。
◆**平成二五年三月二一日**　MNクリニック通院、レントゲンの結果、医師から、「右肺の軽い肺炎があります。右肺は、どうしても肺炎になりやすいため、前回も言いましたが、熱が出たら直ぐに診察を受けることを心がけてください」との指示あり。
——このように命に関わる事件が何件も起きたが、一度も私には連絡がなかったため、私は全く知り得なかった。——

五月一〇日（金） 昼食時、食が進まないため、一三時三〇分、検温、三八・二℃。

一五時三〇分、三八・二℃。一九時三十分、三七・七℃。

五月一一日 朝、三六・五℃。

——体温計が腋窩動脈の皮膚に届いてないときには、二〜二・五℃の誤差が生じる。

ＹＫさんが熱っぽい表情をして、インフルエンザに罹患していた時、たまたま、その場にいたので額を触ると高熱が伝わってきたため、職員に熱を測ることを勧めて測ったら、三六・四度というため、私が測りなおしたら三八・七度であった。——

〈体温を測るとき、体温計を脇の下横に入れると誤差が生じるので、腋窩動脈に接して測定するように指導したことがあった〉一五時一五分、三九℃。

五月一二日 二〇時三〇分、二三時共三八・八℃。

——一一日の朝から測っていないのだ。——

五月一三日 二時、三九℃。六時四〇分、三七・一℃。ＭＮクリニックに受診。一四時、四〇℃。重度の肺炎、手遅れになり、救急車でＯＪ病院に入院。

五月二一日 手を尽くしたが膿胸に移行。ＯＪ病院からＴＫＤ病院に転院する。

——私が付き添い、救急車で。——


（以上**【資料1】**）

【会話　4】

記録を持ってきた一寮の職員に、

「椅子に当たった事故はどの先生に診ていただいたのですか」と訊く。

「先生の受診は………、していません」

——驚いたことに全ての事件について、医師の受診がなかったのだ。——

「命に関わる数々の事件があっても、総て受診してないのですか。驚いたねぇ、どのような支援をしているのですか。これは！　そして、様子を見て下さいと言った人は誰なのですか」と訊くと、

「看護師さんです」と言う。


医師でもない看護師が、このような事件のすべてを医師に受診させず、報告もしてない（自分独自の判断で指示を出した）ことは、保健師、助産師、看護師法に違反する。まして園で看護師として勤務している人の北向さんは准看護師であり、越権行為をしているのだった。また、記録の記載は、極めて杜撰で驚いた。傷等の処置もあまり行った記載はない。記録を持ってきた職員と二人で、一ページづつ丁寧に見ていったが、椅子に当たったという記載は太の記録にはなかった。

そのため、加害者であるＩさんの記録を見ていく。すると、〈噛みついた〉〈椅子を投げた〉〈物を投げた〉等々の暴力行為の記載が多々あった中、**平成二四年八月二九日**の欄に〈椅子を投げた〉とだけ記載があった。

私は資格を取り、看護学生の実習指導を二〇年ほど行ってプロセスレコードの作成や分析の仕方を指導していたので一寮の職員に訊くことにした。

【会話　5】

「Ｉさんは、ここでも椅子を投げていますね」

「そうなのですよ。Ｉさんは興奮するとちょくちょく傍らにある椅子や物を手当たり次第に投げるので困っているのです」と言う。

「そんなに度々投げる人がいるのに、椅子や物を投げられるようにしておくこと自体、寮の管理責任の大問題ですよ。なぜ危機回避をしないのですか？

また〈椅子を投げた〉だけの記載では、記録が成立してないですよ。〈投げた椅子〉がどのような状態で、どのようになって、職員がどう対応したかの記載をして初めて記録が成立するのです。ここでは〈椅子を投げた〉だけの記録ですから、人や物には当たらなかったのですか」と訊くと、

「何もなかったのでしょうね」と答えた。

「そして、この様にページごとにたくさんの空白があるのはなぜなのですか」

と訊ねると、

「ひと月ごとのまとめを書くことになっているのです」

と答えるので、

「ひと月ごとのまとめなんか何も書いてなどないですよ」

と言うと、無言であった。

☆　　☆

三　記録の閲覧、杜撰な記録

平成二三年九月一日の、椅子に座っていたところ倒され、頭を強く床に打って、意識不明になった記録は、太の記録には記載されているが、Iさんの記録には何も記載されてなかった。

何ということだろうか。記録の記載は〈噛まれた、打たれた、倒された〉等の記載であり、小学一年生よりも劣るような書き方だ。杜撰な記録をIさんの記録からも感じたため指摘すると、

「今まで何も問題がなかったから」

と言い放ち、とぼけたような表情をする職員だった。

「あれほど何度も、『どんな些細なことでも、何かあったらすぐに知らせて下さい、飛んで来ますから』と言ってきたのに………、命を落とすような事件がこんなにもあったのにも関わらず、全く連絡しないのはどのような理由なのですか」

と詰問した。

私の全く知らない、命を落とすような多くの事件の記録を見て、ただただ驚き、身の毛が逆立つ思いがした。

このような事故や事件を医者にも診せず、親にも知らせず。利用者の暴力にも何の対策をせず、百人もの障害者を預かり、生命の危機回避もせず、事故や事件を放置したことは、人権侵害や虐待幇助になるのではないか、と何度考えたことか。

平成二五年六月二四日。

悩みに悩んだ末、太があまりにも哀れに思い、園から引き取り家で看ていこうと考え、ＱＯ市役所に出向き、どのくらいの社会資源の活用が出来るか伺った。

「お父さん一人で二人の障害者を看ることは、一家心中に繋がってしまうから、ここは眼を瞑り、我慢したほうが良いのでは」

と、ＱＯ市障害福祉課の斎環《サイタマ》係長が言う。私もまだ手術の後遺症もあったため、

「では、太が園で安全安心で楽しく過ごせるように指導していただきたいのですが」

と言ってきた。

その後、六月二六日、市の職員の斎環係長が園に出向いて行ったという。

四　隠蔽工作捏造記

平成二五年六月六日以降の記録にあるすべての日付は、読む人を惑わすためなのか、いい加減な日付のところに記載されていることがわかった。

ＴＫＤ病院に太を見舞いに来た一寮の主任邑右内《ムロフ》甫《ハジメ》氏が、太の鼻の突出を手で触り、〈ボコッと〉出ているのを確認し、謝罪があった。

「本当に出ています。これは園内で起きた事故です。申し訳ありませんでした」

と謝った。

その二日後、邑右内氏が、

「昨日、苦情係の部長、善乃呼篠《ヨシナコシノ》氏が見舞いに来て、善乃氏からも、骨折しているのを確認し、謝っていたと、丁寧に言ってと、言われました」

と、私に話してくれた。

ＴＫＤ病院の医師から、
「右肺の膿が、ちょうど肩甲骨の裏側に溜まっていて、ドレンでは、排膿が難しいため、手術をいたします。終わるまで二時間くらいかかると思いますが、事によってはそれよりもかかるかもしれません」
と言われた。

【手術】　平成二五年六月一七日

膿胸の改善見られず、二時間の手術予定時間の倍以上の四時間半を要し、肋骨一本を取る大手術が行われた。

〈どうか無事に、太よ！　生きて戻ってきておくれ〉と、手を合わせ祈るほかはなかった。
《肋骨一本を取る大手術が終わり、予定時間の倍以上の時間がかかったが、手術は成功した》
と言う医師の言葉に安堵し、私は魂が抜けたような気分に襲われた。

●手術痕の【写真３】参照

七月三日

ＴＫＤ病院で邑右内氏が、

「良く探したら、記録も事故報告書もありました」と。

「あの、良く探したら記録も事故報告書もありました。平成二四年八月二九日の日でした」

（突然言うのはおかしい。隠蔽するためか）

「それはおかしすぎますね、記録に書いてあったということが事実ならば、隠蔽するため、空白の欄に捏造したものを書き加えたのですね。

私が太の顔を見たのは、去年ではなく、今年の四月一五日ですよ。事務長の缶革《カンカク》氏と【会話1】後、一寮に行って太の顔を見て知り得たのですよ。

『何かあったらすぐに知らせて下さい。すぐに飛んできますから』と伝えていたにも関わらず、連絡のない私が如何にしてＩさんが投げた椅子が太の顔面に当たったことが知り得たのでしょうか。

四月一五日の日に実際、太の顔を直に見て、『Ｉさんの投げたパイプ製の椅子【写真1】が顔面に当たった』と職員が言ったから、この事件を知り得たのですよ。そして、私が、六月六日の日に園に行って事務長の缶革《カンカク》氏に聞いたとき、【会話3】の話だったのです。

そのため、記録を持ってきた寮の職員とのやりとりの【会話4】を話したのです。

ページページに空白があるから、捏造した記録を隠蔽しようと、捏造した記録をいとも簡単につぎ足したのでしょう」と私が言うと、邑右内《ムロフ》氏は顔色を変え、黙ったままだった。

この記録を一緒に見た職員は、長為旬市《オサタメシンシ》氏であった。


その二日後の七月五日に園から電話があった。

「あの……、良く探したら記録も事故報告書もありました」

と、邑右内氏と全く同じ話をしはじめたのでした。

「一昨日も邑右内氏が、今あなたが言ったのと同じことを言っていたので話したが、六月の六日の日に記録を一緒に見た職員との【会話5】を伝えたのです」

と、詳細に言った。

どのようなわけか、この電話の主も長為氏であった。

【義妹へ園からの電話】（以下記録参照）
日付は忘れたが、六月終わりか、七月の初めに義妹の所に苦情係部長の善乃《ヨシナ》氏から電話があった。
〈五月の外泊時に、太の顔を見たか、どのようだったか〉という詳細の確認の電話がかかって来たという。
「私は、何時もゴールデンウィークに太《タケシ》が外泊するので、太の好きなパンを持って行きました。その日は長女と一緒でした。太の顔を見たら黒紫で、毬のように顔が腫れていたので吃驚して、どうしたのですかお兄さんと訊いたら『四月一五日、園に支払いに行ったら、一昨日、利用者が投げた椅子が顔に当たった』と聞いたので、医者に受診をしたかと訊くと、『医者に様子を看てくれと言われた』と言っていた。母の名前が同じ『ヨシノ』と言っていたから絶対忘れない」

と義妹は言っていた。

七月一九日、ＴＫＤ病院退院。念願の寮を替えてもらった。だが、一寮から、二寮へ寮替えをするが、いくら寮替えしたからといってもこれまでの園の体質の支援の仕方では、言葉も喋れず、意思も伝えられない太は、抹殺されてしまい、記録を職員の思うように捏造されてしまう、そんな夢を何度も見てしまって、心の休めない毎日を送った。

その後、太の支援記録を貰うことにした。

入院からベッド上の生活を強いられ歩くこともできず臥床し続けて来た太は、血栓静脈炎（エコノミー症候群）になり、血液を融解する薬（ワーファリン）を、ＴＫＤ病院退院後も長期に渡り服用し続けたので、継続的に受診をした。

事故事件を防ぐためには、どのようにすべきか悩み、悩んで迷った末、とりあえず、一つの考えに至った。それは、私の命の限り長生きをして、毎日園に行って太の安全を確かめるほかないと。そして、太だけでなく、全利用者が安全で楽しく過ごされる環境を微力ながらも少しでも変えられたら良いのではないか、という思いが強く湧いて来た。
退院後から、おやつを食べさせにと、治療へ行くためにと太の所へ毎日行って、熱が出たときは必ず連絡をもらい、病院へ受診に連れて行き、午後に行けない時は朝おやつを持参。午後に電話をし、どうしても行けない時は午前と午後に電話をかけ、安否を確かめることを励行し、入所中続け欠かすことはなかった。
二寮に転寮してから太は暴行など受けることなく今に至っている。

七月二三日

ＴＫＤ病院での耳鼻科受診は、退院後、改まって受診しなければならないため、ＱＯ市立病院の形成外科を受診。結果、鼻骨骨折と診断された。

七月二七日

昼食時、咽喉が詰まったのでタッピングしたところ、副食のミニトマトが丸いままポロリと出てきたため、咀嚼が不十分であるので、食事形態の変更をしてもらったと連絡あり。

八月三日

太は血栓静脈炎でワーファリンを服用しているため、グレープフルーツを食べると薬効が消失すると医師の指示があったので、厨房に伝えてもらっていたのだが、昼食のデザートの中に入っていたため、外していただく。

九月二一日

誤薬。「H元Mさんの薬を太に飲ませてしまった」と職員。

「皮膚科の薬のみなので経過観察」との話あり。ステロイド剤は入っていなかったのだろうか。

☆

☆

――【資料】2　平成二六年四月二五日、渡された資料――

【H元太さん　肺炎・骨折等についての事故報告総括】QA園支援部

1、課題の意識の表明

利用者の生命に関わる大きな事故について「事故の経過を検証」し、「何処に問題があったか？」を考え、「改善に向けた課題意識」を事業者全体で共有し、「再発防止」に努めると共に、利用者本人及び、御家族や後見人公的機関からの情報開示の求めに対し、社会福祉法人たる事業所の責任と信頼において、誠意を持って「説明責任」を果たすとした使命感を事業所全体の意識として定着させたい。

※今回は上記のような課題意識についての希薄さからH元太さん並びにご家族の皆さんへの報告を怠り、不快な思いをさせてしまいました。この失敗を糧に今後は上記の課題意識を持って誠意を込めた対応を心がけていきます。

2、事故経過検証

【発熱・肺炎との診断】

平成一五年五月一〇日（金）

昼食事、食欲不振。検温三八・二℃。水分補給。夕食も食欲なく、顔色青い。ゼリーを摂って頂く。一九時三〇分、三七・七℃。

――私には一〇日の夕方から発熱したと言っていた――

五月一一日（土）

この日も食欲がなく、水分補給やプリン、ゼリーなどの捕食で対応。一五時に三九℃の発熱あり。北向看護師に連絡し、カロナール（解熱剤）を服用し、二点クーリングにて対応。熱は下がらず、再びカロナール服用、水分継続。

五月一二日（日）

食欲不振。三八・八℃から三九・四℃の高熱が続く。

五月一三日（月）

午前、ＭＮクリニック通院。ＣＴ検査、白血球炎症反応高く、肺炎と診断。抗生剤点滴、クラビット（抗生物質）での対応指示。本来なら入院が必要と医師によりＹＴ病院・ＱＯ市立病院に連絡入れるが、満床を理由に断られる。一四時、検温四〇℃、血圧七七～四八、脈拍一三二、ＳＰＯ２（動脈血酸素飽和度）八三％。

「ＳＰＯ２が九〇以下であれば救急搬送を」

との医師の指示に従い、救急車を要請。ＯＪ循環器病院二一七号室へ入院。


【ＯＪ病院入院】

一六時、酸素八リットルを補給し、ＳＰＯ２は九三～九五％に回復するが、欠乏状態は続いており、改善がなければ、人工呼吸器を装着し、酸素一〇リットルに変更するとの説明あり。

翌日より、職員が見舞いに行き、病状を確認している。熱は三七℃台に下がるが、微熱が続く。ＳＰＯ２については人工呼吸器を装着するほどの悪化には至らないが、酸素補給をしていないと低下してしまう状態が続き、退院の目途が立たない。


【ＴＫＤ病院転院】

五月二一日（火）

午後、ＯＪ病院にて熱が下がらない等の理由によりＣＴ検査を実施。肺に膿が溜まっているとの診断を受けて、ＴＫＤ病院へ緊急転院。ＩＣＵで肺の膿を排出する治療を行う。無事に終了するが、予断を許さない状態と説明。

五月二二日（水）

右肺に溜まった膿をドレンで吸引している状況。酸素補給され、呼吸は落ち着いている。バイタルも安定しており、昨日よりも状態回復されている。

五月二三日（木）

一五時四七分、父より連絡あり、太さんの容体について「右肺が癒着しており、右肺に穴をあけ、膿を排出する予定」とのお話がある。

五月二四日（金）

父と一緒に邑右内《ムロフ》主任が医師よりの説明を受ける。酸素補給は一リットル、バイタルは全体的に安定。右肺の癒着についてはドレンによる排膿で快方に向かい、炎症反応の数値も下がっている。翌日、ＩＣＵから一般病棟（リカバリールーム）に移動。

六月五日（水）

経口での食事再開。介助されながらゼリーやプリンを食べている。

【鼻骨のゆがみ】

六月六日（木）

　父が来園。

「入院中の太さんの鼻柱の横に骨のでっぱりがあり、気になっている」

とのお話がある。骨折を心配しており、Ｉさんが投げた椅子が顔に当たったのが原因ではないかと申し出がある。長為《オサタメ》氏が一月からの記録を見返すが、

　——太の記録の全部を閲覧したが、椅子に当たったという記載がなかったため、Ｉさんの記録を見ていったのだ——

〈太の支援全記録を見た〉そのような記載はなく、良く捜してみるとお伝えして、一旦お帰りいただく。

　その後（どのくらいの日にちか）精査すると、平成二四年八月二九日の事故報告書に、Ｉさんが投げた椅子が額に当たり、一センチほどの裂傷を負った旨の記載がある。それ以降は記録として記載されていない。父に電話で伝えるが、

「そんな前のことだったかな？……」

としっくりこない様子。

　双方の話に若干の食い違いが生じているが、園内での事故によることは間違いないため、長為氏より謝罪。

——この記載は全くの捏造である。電話を受けた日は七月五日であり、七月三日に一寮主任の邑右内《ムロフ》氏から、同じことを「よく捜したら記録も事故報告書ありました。平成二四年八月二九日でした」とTKD病院にて言われたことを伝えた。——

——《その後（どのくらいの日にちか）精査すると》と記録にあるが、支援記録の記載は六月六日に、どのようなわけか、あるのはおかしい。捏造、改竄をしましたと言っている証拠である。——

（以上【資料】2）

☆

☆

二五年六月七日（金）

朝に三九℃台の発熱があったとの報告あり、検査を行う。結果は週明けに、とのこと。父と邑右内主任と見舞いに行き、鼻の膨らみを確認。邑右内主任より謝罪あり。〈鼻骨のゆがみ〉についての平成二四年八月二九日の、空欄に隠蔽しようとして捏造し書き加えた日を前提に書かれた資料であったため、再三椅子に当たった日は平成二五年の四月一三日であり、直に太の顔を私が見た日は、四月一五日に一昨日、Iさんが投げた椅子が当たったと聞いているのです。どんな些細なことでも何かあったら連絡をして

くださいと言っていたにも関わらず、園から連絡の全くない私がどうして知り得ること
ができるのか、よく考えてみてください。「連絡を、連絡を」と度々言い続けてきたが、
すべてにおいて、連絡が無かったから、手遅れの肺炎から膿胸になって肋骨一本を取る
大手術に繫がってしまったのだ。

五　後見人の報告、記録の捏造

裁判所から後見人報告の通知

平成二六年四、五月にかけて、裁判所から太の成年後見人である私に報告書を出すよう指示があり、そのため、再度、太の支援記録を苦情係の善乃《ヨシナ》氏と確認していく。──記録から──

平成二四年八月二五日、以下空白であった欄に、

八月二九日「一六時四五分頃、不安定になったIさんの投げた椅子が、太の髪の生え際中央に当たり、長さ一センチほどの裂傷あり深さ浅い。医務室にて止血・処置（バンソウコウ貼用）を行う。傷も浅く、血も止まったから、縫う必要はないでしょうとの見解。医務室に行く前、血圧一二二～七八。四八時間観察でお願いします（八月三一日頃まで）。医夜間嘔吐などなくグッスリ睡眠。

八月三〇日

「七時。血圧一一八～七四。特に目立った症状見られない。朝食は全量食べる。傷も固まってきており、本人も気になっていないようだ」

と誠しやかに記載してある捏造した記録であった。以後の記録はない。

これはＩさんの記録の『椅子を投げた』だけの記載しかなかった記録に合わせ、隠蔽しようとして捏造した記録である。善乃氏に六月六日に、太の記録を持ってきた職員と丁寧に二人で見ていったが、この記録はなかったため、Ｉさんの記録を見ていくと、平成二四年八月二九日の記録に『椅子を投げた』だけの記載があった。

そのため、そのときの**【会話４と５】**の会話を具体的に話すと、

「興奮すると椅子や物を手当たり次第にちょくちょく投げて困っているなどと、その職員が言っていましたよ」

と言うと、善乃氏が、

「その職員が、そんなことまで言ったのですか。困っちゃうな」と言っていた。

平成二五年六月七日

義妹に太の顔を見たか、痣や腫れがあったか電話で確認し、また、六月の記録に、ＴＫＤ病院に善乃氏が鼻の突出を確認した記載ある。日付はすべて不明。

そして、平成二五年六月六日の欄に、電話での会話を私が言ったことと全く逆なことが記載されてあり、私が電話を受け、話をした本当の日は、七月五日であり、その一昨日、邑右内《ムロフ》から、記録も事故報告書も良く捜したらあった、という話があり、〈事務長は、未

だ嘗て事故報告書など見たこともないと言っていたから、初めて支援記録を見たことを言ったばかりである〉ことを伝え、六月六日は、初めて記録を見た日で、見終わって外へ出たときは、薄暗くなっていて、支援記録を見たその日の所に記載があるのは、捏造したからであるのだ。

そして、タイトルの欄に、認知症のような話し方だったなど、私を侮辱したことが、公文書に平然と書いてあった。

――平成二九年一一月二一日（火）自動車学校で認知機能検査を受けた結果は、九四点で、記憶力・判断力に心配ありません。と判定された。――

その後、厠倍《クサバ》施設長から謝罪が無いため、子供を片輪にしておいて、謝罪もせず、この事故をどのような心算でいるのか、と言うと、五月一九日に私と、苦情係の善乃《ヨシナ》氏と施設長の厠倍氏が集まった。その折、厠倍氏から、

「昨年の肺炎発症や利用者が投げた椅子が頭部に当たり、その初期対応の遅れから鼻の骨折が治療困難な状態になってしまい、本当に太さんには、痛い、辛い思いをさせ、また、お父さんにも大変嫌な思いをさせてしまい本当に申し訳ありませんでした。ごめんなさい。これは、みんな施設長、園長である私の責任です。今後、職員のモラルや意識の向上等の教育を徹底していきたいと思いますので、これからもどんな小さいことでも何かあったら言っていただきたいと思います。本当に申し訳ありませんでした。ごめんなさい。」

と、丁寧な謝罪があった。

「日常的に噛まれたとか、頭部外傷が度々あったことなどは逐一職員から、報告を受けていましたか」と、厠倍氏に確認すると、

「その都度、詳細に報告は受けています。」と厠倍氏。

「この事件を真摯に受け止め、今後、太をはじめ園生が安全で楽しい生活が送れる環境を、職員全体の目標に頑張って努力していって欲しいと思う次第です」と、私は言い伝えた。

五月二二日。

苦情係の善乃氏に、

「平成二五年四月一五日に『様子を観てください』と言っていたというが、誰から言われたのですか」と再度尋ねると、

「看護師さんからです」

と、善乃氏も平成二五年六月六日の**【会話４】**と同じ答えだったので、医師と看護師の業務の違いを伝え教えた。

「このような事故が起きたときのマニュアルには、どのように書いてあるのですか」と伺うと、

「感染症についてはありますが、事故対策のマニュアルはありません」

と言うのには吃驚した。

「創立五十余年もなる園なのに、事故マニュアルが本当にないのですか？　今迄にどのような事故対応、対策をしていたのですか」と、作成を勧めた。

　厠倍氏の口頭で謝罪があった後、苦情係の善乃氏に、

「この事件は、子供の喧嘩じゃないのだから、口頭のみの謝罪ではなく、いつ、どこで、誰が、誰に、いかにして、いかになって、それに対して職員は、どのように対応、関わったかを、紙面を以って謝罪文を具体的に書くようにしてください。また、加害者のIさんの家族は知っているのですか？」と訊くと、

「**【資料2】**がそうです」と言う。

「あれは謝罪文でないです」と言うと、

「家族に知らせると不穏になり、夫婦別れなどして、家庭の崩壊に繋がってしまうから伝えません」と話を逸らすのだった。

「私が加害者の親で、わが子が人に危害を加えて知らないではいられません。家族崩壊するから伝えられない等の次元の問題ではなく、園が責任を持って知らせることが義務だと思いますが……。このような事故が起きたときの事故マニュアルはないのですか」

　と再度訊くと、

「ありません。お父さんが『設立して五〇年以上もなるのに事故マニュアルがないのは可笑しすぎるから作った方が良い』と言ったので、今、作っているところです。**【資料2】**

に書いて渡した物がそうです」と言う。

「あれは、事故マニュアルでも謝罪文でもありません。事故が起きたらどのような手順でどう対応するか、事故が起きたとき、このような手順で対応し、この対応に従ったがどこかに問題があったため、このような結果となったから、このように見直し、改善したとかを記載したものです」

と言うと、後日、厠倍氏が、

「あのQA園は、五〇年以上も経ってはいるが、措置時代の体質をいまだに引きずっているのです。一寮の職員は、毎日真面目に働いているのです。職員を精神的窮地に追い込むようなことは言わないでください。職員が手を下した訳ではなく、利用者同士での事故なので、職員には一切責任ありません」

と。いったいどのような意図で言うのか、知らないが、

「いくら真面目に働いていても、命を落とすような事故が度々起きていたにも関わらず、医者にも診せず、親にも連絡しない。事故を回避する努力が全く無かったから、このような事件が起きるべきして起き、大きな事件に繋がったのではないですか。立派な警察官でも義務の不履行をしてしまったら謝罪文を書き、罪があれば、その罪に服すことが法治国家日本では決まっているらしいですよ。職員の義務怠慢があったからの事件ですよ。そして捏造して記載した記録については、二本の朱線を引き、訂正印を押しておけばよいので

すから……。また、措置時代の体質とは、どんな体質なのですか？　私は園からお金を取るとか、裁判に訴えるとかは全然考えていません。また、窮地に追い込まれているのは一寮の職員ではなく、私の方だと思いますがね」

と言ってやった。

その後も苦情係の善乃氏に、

「捏造したところは二本の朱線を引いて訂正印を押せば良いから、私は、園からお金を貰うとか、裁判に訴えるとかは考えていません。訂正だけすれば」と言うと、

「訴えるならどうぞ」の科白だった。

訴訟を視野に入れていかなければ、と考えたが、法律とか裁判に知識もないのでどうしたらよいか途方に暮れた。

六　職員委員会と謝罪文、加害者家族の面談

私は、善乃氏に会うたび、捏造の記録の訂正を求めていった。

――【資料3】――

【太さんのお父様へ】

平成二六年七月四日（金）と九日（水）にサービス向上委員会で太さんの事故を議題に挙げ、個人の意見等についての概要を報告させて頂きます。

善乃《ヨシナ》呼篠《コシノ》

《① 職員会議》

【急な発熱から重篤な肺炎状態に陥り、命が危ぶまれた経緯について】

太さんはダウン症であるが、そうした障害特性を持った利用者について、職員として理解しておくことが必要である。心肺機能も低いため、細菌に感染しやすく、症状の急変や重篤化があることを理解した上で注意や配慮が今後の支援にも必要。

――医者の指示を厳格に守り、家族への連絡や早急の受診が必要である。――

【利用者の寮配置について】

平成一三年。新館建設時の寮配慮になんのコンセプトもなく、一寮には高齢者等の身体の弱い利用者と行動障害を持つ利用者とを混在させてしまった。もっと早く適切な環境に移って戴いていればよかった。

――外泊帰園時、体中に歯型があったため、太に適った寮に移転を申し出たにも関わらず、「太さんはMさんとペアだから」と、どの職員も聴く耳を持ってくれなかった。――

【記録文章の書き方について】

若い職員はどのように書いてよいのか不安を感じている節があるが、現状では寮主任を中心に、電子化された以降は施設長や部長も目を通すことが出来るようになるので、注意して見ていく。記録はメモではないので、職員間で分かっていれば良いものではない。行動や行為がそれに至る原因や理由、職員がどのように関わり、利用者がどのように受け止めた等を解りやすく書く必要がある。

――今までは電子化されてない記録だから見ることはしなかったのか。――

【利用者への向き合い方、支援の捉え方について】

自分の子供のことなら、些細なことでも伝えてほしいと思うのが親心。私の子供が学校で怪我をしてきたら細かな説明を当然求める。

――外泊帰園時、再三再四どんな些細なことでも何かあったら連絡をして下さい、と頼んでいたにも関わらず命を落とすような事故や事件が度々あっても、医者にも診せず、保護者にも連絡がなかったため、このような大事件に繋がったのだ。――

【今後について】
【今回の会議は何かしらの結論を求めるための会議ではないが、QA園の支援に不足している点を洗い出し、改善に向けた取り組みを始める契機となったと思う。今回の事故だけではないが、事故や失敗を風化させることがないように、会議や色々な場面で話し合いを重ねていく必要を感じる。

――施設長をはじめ職員は、全然感じていない。結論を求めない会議は糠に釘を打つ様でいくら会議をしても無駄である。ただ隠蔽しようとしている言い訳でしかない――

《②　サービス向上委員会》
【経過報告】
事故の経過については善乃から報告。昨年添付資料として、平成二五年六月のケース記録として今年五月一九日にお父様に渡した職員の意見を集約した物の名前を消して、配布しました。

【園としての反省と釈明】

正直なところ、日常的に利用者さん同士のトラブルや暴力行為は頻繁に起きている現状。「しかたない……」という感覚に陥ってしまっていたことは否めない。正常な感覚に立ち返り、反省すべきはきちんと反省と改善をしていくが、H元さんのお父さん（名前は伏せてあります）にも言っていただいたように、楽しい時間を提供しよう等、頑張っている面や良い面もたくさんあると思う。あまりマイナス思考になり、リスクを恐れて、消極的になっても良くないと感じている。

――全く改善はしていなかった。私の言ったことは、夏祭りや旅行などの楽しい時間の提供もしているのに、如何して隠蔽しようとして記録を捏造したりするのですか、捏造した記録は訂正すればそれで良いから訂正をして下さい、と再三言ったのだが、訂正はしないで、自分の都合の良いように変え、述べているのは何故だろうか。ひたすら隠蔽をしようとしている為と考えられ、全く反省の色がない。――

構造上、四つの寮に利用者さんを配置しているが、一寮には高齢者や身体的に弱い方、多動で行動障害のある方が狭い空間に二〇名押し込まれている現状がある。今後、グループホームの開設を経て、定員を半減させて、個々のパーソナルスペースを広げると共に落ち着いた空間を提供できるようにする。

記録については電子化されることで、管理者の目に触れる機会も増える。支援内容や表現に不適切なものがあれば、一層注意をして行く。

【参加された第三者委員会のみなさんから】

〈保護者会会長〉：

A園の支援を評価している。特に一寮は私もよく知っているが、大変な利用者の面倒をよく見ていると思う。しかし、今回のことは肯定できない。良くなかったことは改めるべきだが、マイナスばかりをみな替えず、自信をもって頑張って欲しい。

〈後見人、司法書士〉：

記録の取り方や扱い方には、はっきり言って落ち度がある。介護施設利用者はいくつかの事業所を併用していることもあるが、家族や他の事業所の方々に見られることを前提に記述している。

（以上【資料3】）

☆　☆

――第三者委員会を開いたと言うが、施設側で捏造した記録を基に開かれたものであり、その場に私が同席して居た訳ではなく、捏造を前提としての話し合いは、園の思う通りの会議で終わったと考えられる。双方の言い分を聞いた上で第三者が判断するのが、第三者委員会ではないのだろうか。――

後日、第三者への苦情申し立て〈どんな話でも気軽にお話をして下さい〉とのポスターが園入口に出ていた。それはＷＫ氏、ＷＤ氏と二名の方を園が第三者委員会に任命してあると記載されていたが、第三者委員会で話をした人達とはメンバーが違っているのは何故か。

――これだけの事故や事件が発生しているにも関わらず、結論を求める会議ではないということ自体、記録を捏造し、隠蔽をしようと最初から職員全体で口裏を合わせた意図が窺えた。――

そして、私に、

「太さんが椅子に当たって顔が腫れて、痣のある、その時の写真はありますか、お父さんとは、長い付き合いだよね、長い付き合いだよね、ＱＡ園は措置時代の体質を今も引き摺っているのですよ」

と、施設長が度々言ってきたことは、最初から記録を捏造し、入所から一〇年間で撮ったスナップ写真の中から適当な写真を証拠として出すための意図があったからだったのだ。

「平成二五年五月八日に撮った写真には、この通り、痣や腫れは無いでしょう」

と出した写真が真実ならば、その、二日後の何処で骨折したのか、五月八日に撮った写真でないことが解明でき、言い逃れはできない。

謝罪文と加害者の家族と面談

子供の喧嘩じゃないのだから、口頭だけでなく謝罪文を書いてくださいと再三言った。

平成二六年八月七日

「ようやく謝罪文が出来ました。Iさんの家族も来て謝罪をしたいと言うので、謝罪の面談も設けました」

ということで、施設に行き、面談の前に謝罪文を厠倍氏から渡されて読む。

――――【資料4】――――

《謝罪文として渡されたもの》

【H元太様へのこの間の事故等に対する謝罪と、今後の対応についての説明】

社会福祉法人QA会QA園施設長厠倍州遠《クサバシフト》

〈はじめに〉

H元太様への肺炎、骨折事故への対応、並びにお父様のご指摘、お叱りについて、この間、園として職員間で話し合い、事故の原因と再発防止に向け検討を進めてきました。その中で、QA園管理者としての私の責任と原因究明、再発防止への対応について、改めて文書でお示しする必要を感じ、まとめさせていただきました。

1、この間の事故発生及び園の対応の不手際についての謝罪

「昨年五月の肺炎発症に対する対応の遅れ」により、太様を生死の予断を許さない事態へと追い込んでしまいました。また、利用者の投げた椅子が頭部にあたり、その初期対応も含めた対処の遅れから鼻の骨折が治療困難な状態となってしまいました。寮内で太様が日常的に他の利用者からの暴力の対象となり、その改善を求めてきたお父様の指摘を受け止める事ができず、結果、大きな事故につながってしまいました。

重ねて、加害者利用者、その家族からのH元様への謝罪についての不手際、日誌記録への職員による不適切な表現の記載、利用者さんの事故時、体調不良時への医務室看護師の対処など、適切な対応の基準マニュアルを作成し、職員への徹底と教育を怠ってきた管理者の私の責任です。大変申し訳ありませんでした。

お父様の指摘どおり、QA園は開設後五〇年を経過する施設ですが、措置の時代の古い体質に甘んじ、利用者さんの安全確保やご家族のお気持ちを受け止める努力を怠ってきたと思います。一昨年のQK県監査でも、事故報告書の作成、利用者さん、家族か

らの苦情への対応の不備があると指摘を受け、その改善に取り組んできたところでした。

――措置時代の体質とは、どのようなものか？　県の監査で、どんな不備を指摘されたのか。――

これを機会に、これまで「曖昧な慣例」として対応してきてしまい、その結果としてH元太様に大きな心身の傷を負わせてしまったことを心より反省、謝罪すると共に、私たちの日々の支援の問題点について明らかに、改善の道筋を作り、今後も太様が安全で安心して過ごしていただくことができる事業所となるよう、努力していくことが必要と思っています。その努力を通して、お父様からの指摘、お叱りに応えることにして行きたいと考えています。

2、園としての改善していくこと――原因と再発防止の対策――

①発熱への対応

＝平成二五年五月一〇日（金）発熱時の対応が遅れた件＝

◇従来：「数日間の熱の推移をみて医師への受診」を医務室看護師が判断。

――准看護師の判断指示は法律違反である。また、准看護師の判断に任せてよいのか。――

◆改善：　ダウン症などの種々の障害の特徴、高齢による体力低下などの個別の状況があり、三八℃を超える発熱が確認され、八時間以上継続した場合は医療機関を受診します。
個別の状況によっては、発熱を確認次第、すぐに医療機関を受診します。（夜間、休日含め、全職員で対応する）
――発熱を確認して八時間も放置しておけば治癒できる病も手遅れになって死に至ってしまう。全く努力も反省もしていない。――

②怪我への対応・特に頭部の怪我について

◇従来…医務室看護師の指示で、二四時間経過を観察し、急変があれば医療機関を受診する。
――准看護師の判断で二四時間も経過を観察させることは法律違反である。――
◆改善…頭部への怪我は、すぐに医療機関を受診、ＣＴ検査等行い、医師の指示で経過観察を行います。
◆改善…頭部への怪我による経過観察が必要な場合は、一時間おきに行い、個人記録に記載し、寮内支援員で情報を共有するとともに、医療室看護師にも随時報告します。容体の急変があれば、救急車を要請し、適切な医療機関につなげます。
――事故等が発生した場合には速やかに医師に報告する。医療機関の受診をしなければならないと、保健師助産師看護師法に違反しています。まして園の准看護師なら自分で指示は出来ません。——

③ケア、体調不良時の医務室看護師の対応

◇従来：　医務室看護師に報告し、医療機関への受診の指示を受けて通院。

——准看護師は、指示を出せないのです。——

◆改善：　怪我、体調不良時には、基本的にすぐに看護師に報告の上、医療機関を受診し、医師の対応指示を仰ぎます。緊急対応が必要と判断した場合は救急車を要請し、適切な医療機関につなげます。

④事故の加害利用者（家族）からの謝罪について

◇従来：　「施設内の事故は施設管理者の問題」との考えから、加害者家族に事実を伝え、直接謝罪を求めることはしてこなかった。

☆旧来の、行政から委託措置しているとの措置時代の考え方であり、利用者さんが事業者と対等な契約に基づいて施設を利用している現在の時代にはそぐわない考え方。被害に遭われた方の感情を考慮しない誤り。

——施設内で起きた事故については、措置時代であろうとなかろうと保護者に報告する

ということは、一〇〇人もの利用者の命を預かっている施設の義務ではなかろうか。――

◆改善：　利用者が他の利用者に危害を加える事故があった場合には、加害者の家族にもその旨を伝え、直接の謝罪も含め、被害者及びその家族が納得し、謝罪を受け入れていただく状況を事業者の責任としてつくります。

⑤事故が起こったことへの対応

◇従来：　『事故報告書』を作成する。事故の原因、今後への改善。被害に遭われた方、ご家族へ報告した際のご家族のコメントとあわせて制作し、保存する。

☆一昨年、県監修で、「報告のための報告書になっている」？「実効性のある改善案が示されてない」との指摘を受けました。職員会議で議論し、改善に取り組んできたところです。

◆改善：　事故が起こった原因を明らかにし、二度と同じ事故が起こさないための『事故の原因、今後への改善』を当該セクションで議論し、その結論を記載します。（被害に遭われたご家族へのコメントも併せて）

――事件の原因が全く究明されていない――

◆改善：　運営委員会を事故対策委員会と位置づけ、今後への改善について議論、明確にし、職員会議の場で、職員全体で確認します。

◆改善：　事故を未然に防ぐために『ヒヤリハット報告書』を作成し、小さな事象も見逃さず確認し、改善、注意喚起を促していきます。運営委員会で報告し、職員全体で確認します。
◆改善‥　一寮の椅子等について。お父様のご指摘通り、投げることができる状態で放置しておくことは、同じ事故を繰り返すことにつながるため、早急に、床・壁面に固定する対策を行います。
　――椅子の背をビニールの紐で手すりに縛ってあったため、直ぐに解けたり、風化したりすることを伝えたが、紐が解けて長く落ちているところを二寮に行くとき、度々みていた――

⑥苦情への対応

◇従来‥　『苦情報告書』を作成し、運営委員会、職員会議で報告。
☆平成二三年度の苦情が一件も挙げられていないことを、県監査で指摘されました。
「利用者家族からの苦情（提案）を受け止める仕組みになっていない」
◆改善‥　「苦情受付窓口は善乃、解決責任者は厠倍」を明確にします。保護者会やさまざまな場での利用者、家族からの提案、指摘を受けつけ、記録として記入し、改善を実施します。苦情内容・改善方針は、運営委員会・職員会議で報告します。平成二五年度より『サービス向上委員会』を発足させ、保護者会長、KWネットオンブズマン、成人後見人代表を交えた会議で報告していきます。

――いくら苦情を申し出ても受け入れてくれない。今も――

⑦日々の記録について

◇従来：　職員の引き継ぎ的な意味合いの強い記録となっていた。
　――『要観察』後の記載なし。記載漏れ、感覚的な不適切な表現の、メモ的な記載がされているのみ。――

◆改善：　利用者さんの状態、様子、適切な支援につなげていくための正確な記録に努め、内容を改めます。事故トラブル等の場合には、支援員がどのように関わったのか、両利用者の記録に記載していきます。

3、今後の対応について

〈支援の仕組みの変更〉

◎マニュアルの作成と変更
支援の対応の基準の多くを、職員間の『慣例』として進めてきた事実を改め、必要な支援マニュアルの作成を継続するとともに、今回の事故対応での『改善点』を各種マニュアルに明記していきます。

――これが事故マニュアルですと渡されたものは、マニュアルではなく手順が載っていないものだった。――

◎記録・日誌システムの電子化

九月一日より法人全事業所の日誌記録を電子化し、常にどのポジションからも個人の記録や経緯を把握できるようにし、管理者としてより日常的に利用者の状態の把握に努めます。

〈**職員の徹底**〉

◎この改善提案を、九月二日の運営委員会、五日の職員会に提案し、職員間に改善を徹底します。

◎関わった職員への対応等について。今回の問題は管理者である私の責任です。事故に関わった職員は、それぞれの立場で深い自責の念をもちながら、今後の良い支援にむけた努力を誓っています。

太様が今後も安心し安全にQA園で暮らしていける支援の仕組みを全職員で努力して作る決意であることを理解していただきたいし、見守っていただきたいと思っています。

――期待していたが、誹謗、侮辱、脅し、威嚇、脅迫、嫌がらせ、罵りを、たびたび厠倍施設長や善乃部長の罵声が聞かれた。――

〈今後の施設整備について〉

責任ある管理者の立場としては、一〇〇名もの様々な障害を持つ方が入所しているのにも関わらず、高齢・障害の重い方、手厚い医療支援を必要とする方が、安全で安心して暮らすことができるための、明確なビジョンを持たずに来た課題を強く認識しています。

——平成三〇年四月現在に於いても厠倍氏と善乃氏は認識しようとしていない。——

適切な利用者が適切な場で生活できるように、現在グループホームを近隣に建設し、ホームでの生活が可能な方の地域での生活移行を進めるとともに、QA園は定員を削減し、一寮・二寮の旧棟については、全室個室化を含む大規模修繕を行い、生活空間の再整理を取り組み始めています。

H元太様は、早いうちに現在の三階にある四寮が、整備、環境共に高齢者や医療的な支援を必要とする利用者さんの生活空間としてあっていると考えており、そちらへの移動を考えています。

以上、私なりの謝罪と反省、今後への改善努力として受け止めていただきたいと思います。

（以上が謝罪文として渡された**【資料4】**の全文である。）

H元太の事件がどのように起き、どのように職員が対応したため治療困難になってしまったのかについて、具体性のある謝罪文に書き直した謝罪文をと思い、

「具体性を持った謝罪文に書いて」と言うも、

「これで検討してみて下さい」と言ってきかなかった。再度、謝罪文の書き直しを頼むも、

「それで検討してみて下さい」と言い通していた。

☆　　☆

「検討する余地がない」と言うも、Iさんの家族が来たため、家族との面談に入った。

Iさんの家族に事の次第を伝えると、

「そのような、人に噛みついたとか、顔に椅子を投げて当てたりしたことは全く知りませんでした。何かあったら知らせてくれるように言っておいたのですが、全く何も知らせが無かったので知りませんでした。太さんには、骨折までさせ痛い思いをさせ、本当にごめんなさいね」

と、私にIさんのお母様より謝罪をされた。

謝罪文の件について、厠倍氏にたびたび書き換えるよう言うも、その都度、

「H元さんとは、他の保護者の方よりも、長い付き合いですよね」とか、
「当たった時の写真はありますか」と何度も言うのである。
「私は新聞記者でもなく、写真家でもないから、このように捏造して隠蔽しようとする悪意を持った職員がQA園に居るなどと思ってもいませんでした。信用をしていたからこそ、子供を預けたのです。だから写真など撮っていません」

と言った。

この、厠倍氏が

「H元さんとは、長い付き合いですよね。見たときの写真はありますか。ありますか」

と言っていたのは、入所後一〇余年で撮った中の適当な写真を証拠として出すためだったのだと分かった。

七　事くつがえす

平成二六年十月一七日に、園の厠倍《クサバ》氏から、

「勘違いしているようなので、話し合いたいから園に来てください」

と電話があったので行ってみると、誰が呼んだのかどのような理由かQ0市役所障害福祉課係長職員の斎環《サイタマ》氏が立会人だと言って同席していた。

「ここで話したことは、後々のため、録音を取らせていただきます」

と厠倍氏が言うのだ。私は、

「録音されても何の支障もないですので、どうぞ」

と言った。そして、厠倍氏が、

「鼻骨骨折自体、どこで転んで骨折したか知りません。黒紫になった痣や、腫れた顔をどの職員も見た人がいません。これは平成二五年五月六日と八日に撮った写真です。痣や腫れ等は、この通り、どこにもないでしょう」

と言い始めたのであった。

私は太の顔を直に見た事実を述べた。

「私が平成二五年四月一五日に支払いにQA園の事務所に行き、その後、一寮へ行って太の黒紫になって毬のように腫れている顔を直に自分の目で見たから知り得たのです。

どんな些細なことでも何かあったら連絡して下さい、すぐに飛んで来ますから、と再三再四言っていたにも関わらず、知らせがない私が如何にしてこの事件が知り得ることが出

来るのですか。

また、五月八日に痣や腫れが無かったら、その二日間のどこで骨折をしたというのです。骨折すれば痣や腫脹が四週間くらいは消えないのですよ。

また、私が園から電話で話したこととまるっきり逆なことを公文書に記載し、そしてタイトルの欄には『認知症のような話し方だった』と私を侮辱したことを平然と記載してあるのは、如何いうわけか。それほど私の記憶力や判断力は衰えてはいないですよ。

そして平成二五年六月六日に太の記録を見たが『椅子に当たった』という記録は無かったため、Iさんの記録を見たのです。見ていくと、平成二四年八月の欄に『椅子を投げた』だけの記録以外に『物や椅子を投げた』等の記録が多々あったため、【会話4・5】の話をしたのです。

捏造した箇所を二本の朱線を引き訂正印を押せば、それで良いから、訂正してください。

また、事故報告書は良く捜さないと出てこないということは、如何なのか？　意識不明になったときや、他の事故の事故報告書は書いてあるのですか？」

と訊くと、

「事故報告書は、書かないときも書くときもあります」

と言う。いい加減な人だと思った。言い合いを何回も繰り返し、厠倍氏が、

「四月一五日は、契約もしています。六月六日に一緒に見た職員は、なんという名前の職員ですか」

と言うので、

「私は園を信用し、このような事件を捏造改竄までして隠蔽する、悪意のある職員達の集団が皆で口裏を合わせ、グルになっているとは、夢にも思っていませんから、名前も顔も覚えていません。

しかし、支援記録が何処に保管しているか判らない私が、如何して見ることが出来るでしょうか。一寮の職員が持ってきたから見ることができたのです。

六月六日に記録を持ってきた職員は誰なのですか、と一寮の職員に訊けば、直ぐに分かるはずです」

と言うと、

「その人は、長為旬市氏《オサタメシンシ》です」

厠倍氏が誇らしげな口調で言った。さらに、

「これは平成二五年五月六日の端午のイベントで撮ったのと、八日の写真です」

と、十年間のどこで撮ったのか分からない写真を出して、

「このとおり、痣や骨の出っ張りなどどこにもないでしょう」と誠がましく言うのである。

では、顔の片輪になった、鼻の骨折の出っ張りをどう説明するのかと思ったが、話が先に進んでしまった。

五月一九日の謝罪文には、

〈利用者が投げた椅子が頭部に当たり、その初期対応も含めた対処の遅れから鼻の骨折が治療困難な状態となってしまいました。大変申し訳ありませんでした〉

と、謝罪文に記載があるのは何故か。もし、この写真の通り、平成二五年五月八日などに撮ったことが事実なら、その二日後の十日に肺炎を起こし、一三日に入院、寝たきりで毎日を過ごした太が何処で骨折をしたのかが、大きな矛盾を生む。

これは、私に「太さんの腫れた黒紫の顔を見たときの写真はありますか」等と、何度も訊いてきたのは、この事故を捏造改竄し隠蔽するために入所中に撮った十年間の適当な写真を証拠として出すためだったのだ。どんな些細なことでも何かあったらすぐに飛んで来ます～連絡をしてくださいといっていたのに連絡をくれなかったのは、事故や事件があっても捏造改竄して隠蔽する意図が常にあるからだと推測した。今までも日常的に捏造改竄をしていたのだろう。

厠倍氏の嘘の主張と、私の主張が堂々巡りになっていました時、厠倍氏が、

「あの、電話での話を公文書に誤って書いた所と、〈認知症のような話し方だった〉の記録は不適切な表現の記載なので二本の朱線を引き、訂正印を押しますが、その他は絶対に直しません」

と言って、訂正した記録を貰った。

これはおかしい。どのように考えてもおかしすぎる。

ケース記録　氏名 [redacted] 太　2013 － 6 － ①

日曜　タイトル	記事
6/1(土)〈BOXシーツ〉	購入している。（石倉 [redacted]）[redacted]
4(火)〈父よりTEL〉	入院中の様子。酸素吸入はしておらず KT：36度後半。近々経口からの食事がはじめるとの事。[redacted]
6(木)〈父より〉 ドレーンはまだついている	入院中の様子。5日より経口での食事をはじめる。しかし食事は全く口には運ばず、スプーンを近づけても食べない。結局ゼリーやプリンの甘いものは介助しながら食べるとのこと。（SPO2も94～99%　足のリハビリはじめている）
〈父来園〉 ※ ~~父は誤認に…~~ ~~思い込みの様な~~ ~~話方でした~~ [redacted]	入院中の太さんの鼻柱の横に骨のでっぱりがあり、気になっているとのこと。「骨折しているのではないか？」「石川さんにイスを投げられ、額に当たったのが原因か？」「先日、来たときに、職員からケガの件を伝えられた…」とのこと。1月からの記録を見返すがその様な事はなく、ひとまず、あらためてその事例をさがしてみる。ということでお帰りいただく。 事故報告書をさかのぼってみると、昨年の8/29に石川さんの投げたイスが橋本さんの額辺りに当って1cm裂傷しておりました。 ~~その件を父にTELすると、「それは前だったか？」「もっと今年の話ではなかったか？」と不信な感じ~~ ~~だが「私のかんちがいかも知れない…」とも言ってい~~ ~~「傷、ケガの件は園に来てから職員から知らされた」とも言っていたが、事故の当日の夜には連絡はしており、~~ ~~話しが~~ くいちがう。[redacted] ただ、今回の肺炎の件で、発熱があった時点で早く連絡が欲しかったという思いが現われている様でした。貴重なご意見を参考にさせていただきます。今後は役立てたいと伝えました。[redacted]

上記、記録について、誤りがあり、削除する事で、10月17日 [redacted]
障がい福祉課 [redacted] 立会いのもと確認し、赤線部分を削除。
平成26年10月21日　施設長 [redacted]

2013年6月「ケース記録」

ケース記録　氏名 [redacted]太　2013－6－②

日曜 タイトル	記事
7(金)〈報告〉	先日の一件から父以外のサブキーパーソンとして [redacted]さん（4[redacted]-1[redacted]2[redacted]）。今後の経過をみては…。 → とりあえず「仮」としておく。 [redacted]
〈見舞い〉	肺炎～SpO2 96程度、ドレーン点滴での対応。 おやつ（甘いもの）は口にされるが食事は拒否。 熱／39度台になった、との事で検査を行ない 週明け結果の予定。 鼻～ ポコッと確認。父「6/29に最近あったと思うけど～」。状況は状況の為、謝罪 今後への改善をしていきたい事お伝えしている。 Drにはまだ診てもらってはおらず、レントゲン等今後 行なってもらう予定。 [redacted]

ケース記録　氏名 [redacted]太　2013－6－③

日曜 タイトル	記事
16(日)〈連絡〉	手術は6/17(月)13:30～予定。 [redacted] 13:40 オペ開始の連絡有り—
17(月)〈手術〉	右膿胸の手術はとりあえず無事成功。 →右ろっ骨（6番目）の肋膜あたりを切除し胸の中の…。 術後は当面ICU、明日、明後日には一般病棟へ移り、 生活リハビリを段階的に開始する予定。 [redacted]
24(月)〈見舞い〉	14:00すぎ [redacted]と[redacted]で（父不在）。 様子～現在ICUでの車イスで生活を行なっており（1歩行も） 食事経口摂取。1W内に一般病棟へ。 [redacted]
25(火)〈見舞い〉	14:00すぎ。父が面会されていた。 様子～ICU 昨日同様。生活リハビリ。自力での タン排出は未だ出来ない為、吸引器での事。 SpO2（酸素2l）＝97%↑

1

「太さんのお父さんが話したことと、全く逆の、違ったことを記載していると言っているのが、書いた本人に事実を確認した上で、確認して違っていたら訂正します」

と言うが、電話での捏造を記載したのは、長為氏《オサタメ》なのに、厠倍《クサバ》施設長が
「訂正します。その他は絶対に訂正しません」

となぜ言えるのだろう？　普通ならば、書いた職員に確認をとって訂正するのが本当ではないだろうかと強く思った。

また、間違った記録を書いた長為氏は、平成二七年四月に一寮の主任に抜擢されたのだ。

厠倍氏は長為氏に
「今度、人事異動があったら長為君を主任に抜擢するから」

等の約束で、このように捏造した偽りの記録を書けと書かせたと確信し、裏取引があったことを自ら証明、よって捏造改竄のすべては厠倍氏の指示で書かせたことを自ら暴露したのだ。

そして、すべての記録の捏造改竄は、事件を隠蔽しようとして厠倍氏の指示であると考察した。

「今度の保護者会で、このとおり、私の話したことと全く逆のことを公文書に書き、私を侮辱したことを平然と書いた長為氏が、今度一寮の主任に抜擢されたことをどう思うか、保護者の皆さんの意見を伺ってみたいのですが」

と私が言うと、

「そんなこと、絶対に言わせません」

と、今にも襲ってきて、どのように表現をしたら良いか、大声で罵り、脅し、威嚇、脅迫するのでした。

また、私が電話を受けた日は、平成二五年七月五日なのに、六月六日の欄に記載されてあるのはどのような意図があるのか。六月六日は、初めて支援記録を見た日であるのだ。施設長には、障害者に対する優生思想や差別意識が強く持っていると感じてしまうのは私だけであろうか。

ＫＹ市の弁護士会館等や人権擁護委員会等を訪ねたりして行き、〈ＱＫ県福祉サービス運営適正化委員会〉の存在を知り、さっそく訪ねた。

八　支援記録の開示と念書

平成二六年十月二三日。ＫＹ市のＱＫ県福祉サービス運営適正化委員会に赴き、太の傷害事件の経緯を纏めておいた資料を渡し、アドバイスを受けたいと申し出る。

施設長の厠倍氏が謝罪文にも書かれた**【資料４】**には、「義務の不履行のため、鼻骨骨折の治療困難から片輪にして、また肋骨一本を取るような大事故」

と記載あり、太の命に関わる事故事件等をたびたび起こしておきながら、医者にも診せず、保護者にも連絡せず、知らぬ存ぜぬと言うことは裁判を視野に入れ、考えていかねばと思い、福祉サービス運営適正化委員会を訪ねた。

支援記載の全部の開示や念書を書いてもらうことなどのアドバイスを受け、園に請求する。

平成二六年十月三〇日、施設から念書を貰う。

――【資料5】――

【念　書】

社会福祉法人QA会QA園　施設長厠倍州遠《クサバシフト》　社印

H元太様への肺炎、骨折事故について、お父様とのお話を通じ、QA園として二度と同じ事故が起こらないよう、以下の点を改善することをお約束します。

一、園として改善していく点

①発熱への対応

◆三八℃を超える発熱が確認され、八時間以上継続した場合には医療機関を受診します。

――発熱して八時間も放っておいたら、生きる人も死に至るという危機感が全くない。八時間の間なにもせず、放置しているのだろうか?――

②怪我への対応（夜間、休日含め全員で対応）

頭部への怪我の場合は、すぐに医療機関を受診・ＣＴ検査等行い、医師の指示で経過観察を行います。経過観察は一時間おきに行い、個人記録に状況を記載し、寮内支援員で情報を共有します。また、医療室看護師にも医師の指示を伝え、経過観察の内容を随時共有します。容体の急変があれば、救急車を要請し、適切な医療機関につなげます。

――今迄このような事をしなかったのはなぜか。――

③ご家族への連絡

◆上記のような案件が発生した場合には、すぐにご家族に連絡し、その後の経過も随時ご報告します。

――今まで全くなかった。――

④事故の加害利用者（家族）からの謝罪について

利用者が他の利用者に危害を加える事故があった場合には、加害者の家族にもその旨を伝え、直接の謝罪も含め、被害者及びその家族が納得し、謝罪を受け入れていただく状況を、事業者の責任としてつくります。

――双方の家族とも《何かあったらすぐに連絡を》と頼んでいたが、全く無視し、

連絡をしなかったのは何故か。──

⑤事故が起こったことへの対応

◆事故が起こった原因を明らかにし、二度と同じ事故が起こらないための『事故の原因、今後への改善』を当該セクションで議論し、その結論を事故報告書に記載します。（被害に遭われたご家族へのコメントも併せて）

──数多くの事故があっても事故報告書は、書いて無かったのだ──

〈平成二六年一〇月一七日の会議で事故報告書は書かない時もある〉と厠倍氏談。

◆運営委員会を事故対策委員会と位置づけ、今後への改善について議論し、明確にし、職員会議の場で、職員全体で確認します。

◆事故を未然に防ぐために『ヒヤリハット報告書』を作成し、小さな事象も見逃さず確認し、改善、注意喚起を促していきます。運営委員会で報告し、職員全体で確認します。

⑥苦情への対応

◆「苦情受付窓口は善乃、解決責任者は厠倍」を明確にします。保護者会やさまざまな場での利用者、家族からの提案、指摘を受けつけ、記録として記入し、改善を実地します。苦情内容・改善方針は、運営委員会・職員会議で報告し、改善方法も含め園職員に周知します。

――苦情を言っても真摯に受け取ってもらえず、受け取ってもらえない。今も。――

◆寄せられた苦情の内容、及び事故の日付と内容についてはありのまま保護者会の場で報告し、最低年一回、プライバシー、個人情報に配慮した形で広報誌、ホームページで公開します。また、園内に掲示し、各保護者への連絡文書として配布し公開、周知を行います。

――公開など全く履行していない。――

⑦日々の記録について

◆利用者、保護者の求めがあった時には、日々の支援記録、事故報告書等について、当該利用者の内容については開示いたします。

――右記に示しておきながら二六年十月一七日の録音開示を求めるも拒否している。――

二、今後の対応について

●以上の改善点について、職員会議の場で職員全体に周知するとともに、保護者会の場で他の保護者の方にもお伝えします。

●H元様には、太様の日々の様子をお伝えすることができるよう、毎月の支援記録をお渡しします。
●QA園として、言葉を持たない、自分の意思を訴えることの出来ない利用者にも、人間的な、人権を尊重した安全で楽しい生き生きとした生活を送っていくことができるよう、職員全体で支援していきます。

平成二六年一〇月三〇日

以上　厠倍州遠　社印

☆　☆

――念書で『このようにしています。ああしています』と記載されていても何も実行してはいない。――

▼支援記録の詳細は、**【年表】**と**【三、記録の閲覧と杜撰な記録】**を参照▲

二六年一一月二日に、H太の全支援記録をもらうも、一九年七月と一一月の記録がなかったため請求すると、二六年一一月三日に、

「平成一九年七月の記録はあったが、一一月の記録はどこを捜してもありませんでした。決して記録を書かないということはないのですが申し訳ありませんでした」

と、善乃呼篠《ヨシナコシノ》氏が頭を下げて謝罪していた。

《侮辱と威嚇、脅迫、嫌がらせ》

念書の中に【苦情の内容については、ありのまま、保護者会の場で報告をする】との記載があるが、その後、保護者会の日が来てもいつも保護者に報告しないため、ＱＫ県福祉サービス運営適正化委員会にいつするのかを聞いて欲しいと電話すると、

「今度の保護者会の総会にする」という返事だった。

平成二七年四月一一日、役員会議の前に、厠倍氏に会い、

「今日の総会で、Ｈ元太の傷害事件を保護者の皆さんに報告してもらえるのですね」

と言うと、

「そんなことは致しません。総会はそのような話をするところではなく、一年の予算とか事業報告をする所なのです。そんな話は絶対にしません」

と罵り威嚇・脅迫するのだった。

「あぁそうですか、念書にも書いてあるし、適正委員会に確認したら、四月の総会で話すことになっていると言っていましたがね。それでは私が報告いたしましょうか」

と言うも無視し、役員会議に出ようとするため、その前に役員会議室に行って、毎年議長をされている役員の議長さんに、

「今日、H元太の傷害事件等について、保護者の皆さんに聞いてもらいたいので、時間を設けて下さい」

とお願いをした。

総会の時間が来たので、保護者会会場に行くと、顔も知らない、名も知らぬ、話したこともない、一人の女性役員が、突然私に、

「QA園を信用してないならQA園から出て行ってよ。今すぐ出て行きなよ」

と、保護者の満座の中で大声を出し、私を罵り騒ぐのであった。その隣に体を寄せている厠倍氏が
「それ言え！　それ言え！」と言わんばかりに肩を寄せていた。

この女性は、太の〈傷害事件〉をどこまで把握して言っているのかは判らないが、強い口調で大声を出し、罵り、叫ばれるいわれは、私には無い。

役員会議で厠倍氏に洗脳されたと推測されたため、

「事件が解決した後で考えてみます」とだけ言っておいた。

私は、同じ保護者の方に、「今すぐQA園から出ていけ」等と罵られる筋合いは決してないのだ。普通の施設長なら役員の言動を止めようとするのだが止めようとせず、むしろ、

「それ言え！　それ言え！」というような顔だった。

総会の終了前、太の傷害事件と肺炎の経過について話すことができた。
二、三の保護者から、〈同じく、利用者の方から度々危害を加えられて、職員の対応の不満〉が囁かれた。
謝罪文や念書を書いて、今後このようにしています、こうします、と記載されてあるのだが、それを全く実行しないのは如何いうわけなのか。

保護者会長に電話をして、

「総会の時、私を大声で罵った女性の方のお名前を教えてもらえませんか」と言うと、

「個人情報で教えられません。あんたは、どのような心算でいるのです？　正義面をして……」

と脅かされる。

訴えることの出来ない障害者をさらに片輪にされ、記録を隠蔽するために捏造改竄され、職員に「知らぬ、存ぜぬ」と言われている親の気持ちが解らない人なのか。

同じ障害者の子を持つ同じ親ではないかと思い、H元太の事件をどれだけ把握して私に言っているのであろうかと哀しみさえ覚えた。

四月一三日、適正委員会に電話をして、

「太の傷害事件の報告をいつしてくれるのかをお願いしたとき、四月の総会で厠倍氏《クサバ》がきちんと話をすると話を戴いたのですが、厠倍氏に話したところ、そのようなことは言ってないと激怒して、私を罵り威嚇していました。

また、名前も知らない、話したこともない女性の役員の人に『QA園を信用してないなら園を出て行ってよ、今すぐ出ていけ』と罵り怒鳴られたのです。その人に怒鳴られる筋合いは全くないのですが、隣に肩を並べていた厠倍氏は何も言わず『それ言え！ それ言え！』と言う顔をして止めることをしませんでした」

と話すと、

「四月の保護者会総会に話す、と厠倍氏が確かに言ったのですがね。私の方から電話してみます」との由。

四月一四日、適正委員会から電話があり、

「園の厠倍氏に話したら『三月に言った』とか言っていた」と言う。

「三月は、二〇人足らずであり、入所者だけの保護者会で総会ではなく、H元太の事件の話はありませんでした。この前は、適正委員の方には厠倍氏は『総会で言います』と言っておきながらコロコロ変わるのは如何いうことなのでしょうか」

と話したところ、

「役員が罵った言動については『行き過ぎでした』と言っていました」とのこと。

いつものパターンで、行き過ぎた言動について、私に対し厠倍氏は謝りもせず、知らぬ顔を今もしているのだ。

このような経緯を考察してみると、厠倍施設長、善乃《ヨシナ》部長、邑右内《ムロフ》一寮主任や職員全体が結託して太の事件を反省するという意志が全くなく、ひたすら隠蔽しようと記録を捏造改竄し、口裏を合わせる狡い行為の職員集団であると窺われた。


その後、一寮と二寮が改築されることになり、新棟の建築費用を後援会費として負担。毎月六千円の支払いに加算されると、今度は後援会費の名目で毎月に一万円以上の金額を支払うことになるのかと思い、ＱＫ県へ、太のこのような事件を起こして今問題になっているので少しの間保留にしてもらえないでしょうかと伺うも、聞き入れてもらえなかった。しかしなぜかそれ以降、六千円の後援会費の支払いがどのような訳か突然無くなった。


改築のため、太は三階の四寮へ移動した。

ある時、四寮の利用者に面会に来た保護者の顔を見ると、総会の場所で大声を出して私を罵った女性だった。四寮利用者の革唇体市《カクシンテイチ》さんの母だった。

九　提訴と安全管理の杜撰

平成二七年四月一五日の提訴

提訴時の裁判官の話では、

「裁判は証拠に基づき審判される」

という。

私は、謝罪文として渡された資料と念書、及び開示された支援記録の中に、命を落とすような事件がたびたびあったにも関わらず、医者にも診せず保護者にも連絡しない事件等、特に椅子を投げられ鼻骨骨折による鼻の奇形（片輪）を重点に訴訟を起こした。何回かの審議を得て判決される。

【資料6】判決の抜粋（ほぼ全文）

第2《事案の概要等》

本件は、被告の解説する障害者支援施設に入所している原告が、上記施設内で他の入居者から日常的に暴力を受け、その結果、鼻骨骨折したこともあったこと、また、原告の発熱時に、上記施設の職員が早期に医師の診察を受けさせなかったことにより重度の肺炎になったことを主張して、原告が被告に対し、安全配慮義務違反の債務不履行責任に基づき、慰謝料及び弁護士費用に対する訴状送達日の翌日である平成二七年五月一七日から支払い済みまで民法所定の年五分の割合による遅延損害金の支払を求める事実である。

1、**前提事実**

（争いのない事実、後掲各証拠及び弁論の全趣旨により容易に認定できる事実）

(1) 原告（昭和五三年三月二二日生）は、ダウン症の障害を抱える男性であり、言葉を話すことができず、その障害の程度はQK県の療育手帳においてA1（重度の知的障害）と認定されている。原告の父である原告法定代理人H元○○（以下「原告の父」という）は、平成二二年九月二二日、原告の成年後見人に選任された。

(2) 被告は、障害者総合支援法に基づく障害者支援施設であるQA園（以下「被告施設」という）を営む社会福祉法人である。

(3) 被告施設においては、平成二五年四月時点では入所支援事業（定員100名）、生活介護事業（日中活動、定員一○○名）、短期入所事業（定員八名）が行われており、入所支援事業では、入所者を4グループに分けて、一寮が男性二○名、二寮が男性二六名、三寮が女性二四名、四寮が男性一七名・女性一三名という体制であり、障害程度区分では六から五の重い区分に認定された利用者が過半数を占めていた（乙8、以下被告施設の寮の名称は、単に「一寮」「二寮」というように記載する）

(4) 原告は、被告との間で、被告施設に入所して生活全般についての支援を受ける旨の契約（以下「入所契約」という）を締結して、平成一五年四月一七日から一寮に入所し、下記の本件退院後である平成二五年七月一九日からは二寮において生活している。

(5) 原告は、平成二五年五月十日の昼から三八度以上の発熱があり、同月一三日午前に近医の診察を受けたうえ、同日OJ循環器病院に救急搬送となり、重度の肺炎と診断された（以下、「本件肺炎」という）原告の状態が改善しなかったため、同月二一日にTKD大病院（以下「TKD病院」という）に転院となった。同年六月一七日、同病院において胸腔鏡併用右醸膿胸膜切除術を受けるなどし、同年七月一九日に退院となった（以下「本件退院」という）。

——膿胸が改善しないため、二時間の予定で手術に入るも、肋骨を一本切除する四時間以上を要する大手術となった。——

2、争点及び当事者の主張

(1) 日常的な暴行について

(原告の主張)

ア 日常的な暴行について

原告は、被告施設に入所後、同じく知的障害を持つ他の入所者から、繰り返し暴行を受けるようになった。原告の受けた暴行のうち、現時点において、特定できるものは、別紙「原告が受けた暴行について」と題する書面（以下「別紙書面」という）の①ないし⑲に記載のとおりである（以下別紙書面に記載の各暴行を併せて「本件各暴行」といい、それぞれの暴行については、「①の暴行」というように表記する）。

原告の父は、原告の寮替えを要望したが、被告施設の職員からは、原告は、同人の同室者であるMさんとペアだからとの回答のみで受け入れてもらえなかった。

イ 鼻骨骨折について

原告の父は、平成二五年四月一五日、原告の顔が黒紫色に腫れ上がっているのを発見し、被告施設の職員に尋ねたところ、同月一三日に被告施設の入所者であるIさんの投げた椅子が、原告の顔面を直撃したとの説明を受けた。その後、原告の顔の腫れは引いたものの、本件肺炎により原告の顔がやせ細っていく中で、同年六月六日になり、原告の父は、原告の鼻骨の鼻柱が右へ突出していることに気付き、同年七月二三日にQO市立病院形成外科の大陸医師（以下「大陸医師」という）の診察を受けたところ、鼻骨が骨折している事が判明した。さらに、大陸医師は、平成二六年一一月一七日、レントゲン検査を実地し、原告の鼻骨骨折を確認した。

（被告の主張）

ア　日常的な暴行について

本件各暴行の事実については、被告施設のケース記録にある限り認めるが、原告が日常的に暴行を受けていたことについては否認する。なお、⑧の暴行については、そもそも他害行為に依るものかは不明である。

また、原告の父から寮替えの要望はなかったし、また、被告施設の職員は、本件各暴行の全てについて、原告の父に説明等をしていたが、必要な範囲では電話をするなどして説明等を行っていた。

――外泊時に、歯型や引っ掻き傷や打撲痕等があったため、その都度帰園時に、この様な事故を放っておくと大きな事件につながるから、再三再四、寮替えと改善を求め続けたが聞き入れてもらえなかった。また園からの事故や事件の連絡は一切無かった。そしてIさんの家族と面談時、Iさんの家族から「何かあったら連絡をして下さいと常に言っていたのだが、連絡が無かったから、椅子を投げて太さんの顔面に当たり鼻の骨折まででした等とは全く知りませんでした。太さんやお父様には迷惑かけて申し訳ありませんでした。御免なさいね」と、何れもどの家族にも連絡はせず、事件をもみ消そうとする意図を感じた。その後、厠倍氏になぜ加害者・被害者の家族に連絡をしないのかを二度ほど伺ったことがあったが、その都度「連絡すると家庭不和となって離婚などが発生するから」の答えであった。――

イ、鼻骨骨折について

平成二五年四月一五日及びその前後の時点も含めて、原告の顔が腫れていたという事実は一切なく、原告の父が、原告の顔面の状態について尋ねたこと及び被告施設の職員が同月一三日に「投げた椅子が当たった」という説明をしたことはない。また、平成二五年七月二三日にO市立病院を受診した際に、大陸医師は単に鼻骨骨折の可能性を指摘したに過ぎない。被告において、平成二六年一一月一七日に実地されたレントゲン検査の画像を専門医に見せたところ、鼻骨の偏位は認められず、上記画像からは鼻骨骨折との診断はできないとの所見を得ている。以上より、原告が鼻骨骨折の外傷を負ったとは認められないし、Ｉさんが椅子を投げたことが原因であるとも認められない。

——裁判での意見書として専門医に見せたところでの、重要写真（Ｈ25・4・15に投げた椅子【写真１】）を職員から言われ、私が職員と共に、確認した椅子は、アルミニウム製パイプのｈ型の椅子なのに対して、意見書として出した椅子の写真は、折畳みの椅子の写真が提示されていた。しかし、一寮には、折畳みのスチール椅子は置いてなかった。

再度ＱＯ市立病院に行き大陸医師に確認を取り、鼻骨が骨折している事を確認しているのに認められないならば、現在も鼻骨の骨が右に突出して片輪になっているのは、何の原因なのか。命に関わるような事件を発生しても放置、医者にも診せず、保護者にも全く連絡しない。骨折になれば紫斑や腫脹が三、四週間は持続している事は、一般の人でも知っている。『私が実際診察してレントゲンを撮って確認したから診断書を書いたのです。診もしない医師の横槍を入れられる筋合いはない』と大陸医師が言っていた。——

(2)　安全配慮義務違反の有無について

（原告の主張）

ア　被告は、被告施設を運営し、入所者である原告に対して、入所契約上、その生命、身体の安全を確保する安全配慮義務がある。

イ(ア)　日常的な暴行及び鼻骨骨折について

しかしながら、原告は、被告施設内において、日常的に他の入所者から暴行を振われており、また、Iさんが椅子を投げたことが原因で、原告は鼻骨を骨折することとなった。被告は、原告の父の転寮の申し入れを受け入れず、また、原告とIさんを隔離することや、凶器となり得るような有形物は粗暴な行動をとる入所者から遠ざけることなどの対策を講じる必要があったのに、暴行を防止するための何らの手立てもとらなかったうえ、被告施設の職員は、原告の父から些細な事でも何かあったら連絡してほしいと言われていたにもかかわらず、原告の受けた暴行について、原告の父に報告することもなかった。

イ(イ)　本件肺炎の発症時の対応について

原告は、肺炎の既往症があり、医師から、再三、発熱した際には早急に通院させることを指示されていたのであるから、平成二五年五月十日の午後一時半に、、三八・二度の発熱を確認した時点で、被告施設は、原告をMNクリニックに通院させたり、救急車を呼んで近隣の病院に運搬するなどの措置を講ずべき義務があった。しかしながら、被告は、平成二五年五月一〇日の昼からの原告の発熱を放置し、上記義務を怠ったものである。

（被告の主張）

ア　日常的な暴行及び鼻骨骨折について

前記のとおり、原告が日常的に暴行を受けていたような事実及びＩさんが投げた椅子によって原告が鼻骨骨折を負った事実は認められない。また、Ｉさんは、原告をターゲットにして他害行為をしていたというものではなく、Ｉさんの暴行には偶発的な要素が多分に認められるものであり、被告施設としては、Ｉさん及び原告に他害行為を行った他の入所者につき、問題行動の原因を把握し、それをなくすための支援方法を検討し、実践を重ねてきたが、このような安全配慮義務を尽くしても結果を回避できなかったというのが事実である。

――骨折をしていることは事実であり、今も片輪になって骨の突出が認められている。紫斑や腫脹を誰も見た職員がいないということ自体、職員全体で口裏合わせをしているのだ。――

イ　本件肺炎の発症時の対応について

被告施設の職員としては、平成二五年五月一〇日の午後一時半の発熱の際も、原告の入所以来繰り返しされてきた発熱の経緯や症状、治癒の経過を見守ってきたことから経過観察とし、休み明けの同月一三日に医師の診察を受けることで充分に対応できるものと考えていたのであって、原告が重度の肺炎に罹患することについての予見可能性がなかったといえる。したがって、本件肺炎の発症時の被告施設の対応につき、安全配慮義務違反は認められない。

――MNクリニックから再三にわたり「発熱時はすぐに医師の診察を」と言われていたにも関わらず医師に診せなかったことは安全配慮義務違反でなければなんなのか。今の世であれば電話をかければ救急車が来てくれて受診ができ、また、再三再四、何かあったら連絡をと頼んでおいたにも関わらず、保護者に連絡をしないことはどのようなことか。事故や事件についても上記の通り保護者への連絡もなく、医師にも診せないから鼻骨骨折が治療困難になったことを施設長や苦情係の部長はどのように考えているのだろうか。――

(3) 安全配慮義務違反に基づく損害について

(原告の主張)

ア 慰謝料

原告が、他の入所者からの暴行により受け続けた苦痛は大きく、また、鼻骨骨折については、骨折が判明してから時間が経過しているために医師から手術は適応外と言われた。

また、被告が原告の発熱を放置したことから、原告は、上記のような重度の肺炎及び膿胸となり、入院期間も二か月間の長期に及ぶなどした。

以上のような原告の身体的・精神的苦痛を金銭として評価すると、慰謝料として〇〇円が相当である。


（被告の主張）

否認ないし争う。本件肺炎の発症時の対応については、被告施設において早急に医師の診察を受けさせなかったことによって、原告が重度の肺炎となり、手術及び長期入院を余儀なくされたという因果関係につき争う。

当裁判所の判断

1　**認定事実**
前記前提事実、証拠（後掲各証拠、………証人厠倍州遠《クサバシフト》、原告法定代理人本人）及び弁論の全趣旨によれば、以下の事実が認められる。

(1) 日常的な暴行及び骨折について

ア(ア) 原告は、平成一五年四月から一寮で生活し、同室者のMさんとは良好な関係を保っていた。しかしながら、被告施設内では一寮及び二寮にも他害行為を行う入所者がおり、入所者同士のトラブルが少なくなく、原告も施設内において、他の入所者より、少なくとも、本件各暴行のうち⑧の暴行を除く暴行を受けた【甲3(枝番を含む)乙4】。

⑲の暴行は、平成二四年八月二九日、午後四時四五分ころ、Iさんの投げたパイプ椅子が、原告の髪の中央部の生え際に当たり、長さ1センチメートルほどの裂傷ができたが、傷口が浅かったので、塗り薬を塗って、絆創膏を貼って様子を見たというものであった(乙5、6)。

——平成二五年六月六日に初めて園職員とIさんの支援記録を見たときには、平成二四年八月二九日の欄には〈椅子を投げた〉だけの記載しかなく、そのため、記録の書き方や空白欄等の会話【会話5】をしたのだ。——

(イ) 被告施設の職員は、原告が受けた暴力について、その都度、原告の父に説明Iさんすることはしていなかったが、⑦、⑪及び⑲の各暴力については、原告の父ないし原告の母に連絡していた。

――私は、一度も連絡を受けたことはない。妻は平成二一年に他界している。常に連絡がないから肺炎が重篤の膿胸になり、肋骨一本を切除する大手術に繋がったのだ。――

(ウ)　また、被告施設においては、入所者が安心して生活できるように、会議の際に、原告に対して他害行為を行う入所者につき、加害行為を行う原因を突き詰め、今後の関わり方をどのようにすべきかを話し合うなどしていた。

――ただ会議をしただけで、安全管理など全くなってない。三階の食堂に職員が誰も居ないのに扉を開け放っぱなし、ベランダの手摺りに利用者が乗り出しているのを見て注意しても〈落ちる人は誰もいませんから〉と危険個所を回避するという義務を怠っているのが現実だったのだ。――

イ(ア)　原告の父は、平成二五年六月六日、本件肺炎で入院中の原告の鼻柱が曲がっていると認識し、被告施設に赴いてその旨を職員に伝えた。

(イ)　原告は、平成二五年七月二三日、鼻の出っ張りについて、O市立病院を受診した。同病院の大陸医師は、原告の鼻に軽度の偏位があることを認め、鼻骨骨折の可能性があるが、手術するには全身麻酔下での鼻骨の骨切り術になるため負担がかかること、鼻骨による呼吸などの機能障害は認めないことから、手術適応はないと判断し、画像検査は施行せず経過観察とした（乙1）。さらに、大陸医師は、平成二六年九月二二日、原告の症状につき鼻部打撲と診断したが、同年一一月一七日、レントゲンにて鼻骨骨折を確認したとして、鼻骨骨折と判断した（甲6、乙1）。

(2) 本件肺炎の発症時の対応について

ア　原告は、被告施設に入所した当初から三七度から三八度台の発熱及び肺炎を繰り返しており、O市立病院に入院するなどしたこともあった。

原告が、平成二四年三月九日に発熱でMNクリニックを受診した際には、医師より、CT検査及びレントゲン検査の結果、新しい肺炎と古い肺炎が認められること、肺炎になりやすい人かもしれないので、三七度以上の熱が出るようなら通院するように指示が出された。また、原告が同年一二月一九日に同クリニックを受診した際にも、医師から、原告は気管支の拡張症があり、今後も肺炎が心配であるから、発熱時は早めの通院を心掛けるようにという話があり、平成二五年一月五日に同クリニックを受診した際には、医師から右肺がひどい肺炎を起こしているので至急薬を飲んでほしいとの指示があった。

イ(ア)　原告は、平成二五年五月十日金曜日の午後一時半の時点で三八・二度の発熱があった。被告施設において、原告の経過観察をしていたところ、同月一一日土曜の朝には一旦熱が三六・五度に下がったこともあり、引き続き様子を見ていたところ、同日午後三時に三九度の発熱を確認した。

――一一日の朝、熱が三六・五度に下ったというが、腋の下の腋窩動脈に体温計が接触してないと二から三度の測定誤差が生じるのである。Ｙｋさんがインフルエンザのとき、職員が測定したときも三六・四度と言って、平熱という。私が再度測定したら三八・八度だった。二・四度高い熱の誤差があった。――

上記三九度を確認してからは、ＭＮクリニックから発熱時の服用として指示されていた解熱剤カロナールを服用していたが、同月一二日日曜日も三九度前後の高熱が継続し、投薬と水分補給及び様子の観察を行っていた。

(イ)　原告は、同月一三日月曜日の午前にＭＮクリニックを受診して肺炎と診断されたが、同日午後には、体温が四〇度、酸素飽和度も八三パーセントとなり呼吸状態が不良であるなど危険な状態となったため、ＯＪ循環器病院に緊急搬送された。原告の父も、被告施設の職員から連絡を受け、上記病院に駆け付けたところ、同病院の医師より真っ白に写った原告の肺を見せられ、なぜもっと早く医師に診せなかったのか、などと厳しく言われた。
(ウ) その後も、原告の症状は改善せず、同月一七日にTKD病院に転院となった。
(エ) TKD病院においては、原告に対し、ドレン等による膿の摘出術が行われたが改善せず、同年六月一七日胸腔鏡併用右醸膿胸膜切除術、洗浄術の手術を受けた。また、原告は、入院長期に及んだため、下大静脈血栓症も発症する等したが、その後、軽快し、同年七月一九日に本件退院となった。

——私が看護師であることを職員全員が知っていたのに、なぜ知らせてくれなかったのか、知らせがあったなら重篤にならず、肋骨を切除するようなこともなかった——

(3) 本件退院後から現在までの原告の状態について
ア 原告の父から明確な要望があったこと、及び医療的なケアがやりやすいことから、原告は、本件退院後、二寮で生活するようになり、現在も被告施設に入所している。本件退院後には、他の入所者からの暴行を受けることもなくなっており、原告の体調も安定している。

——私の再三再四の要望を聞き入れて寮替えをさせるべきであったのだ。二寮に移動してからは他の利用者からの暴力は一切なく、現在に至っている。——

イ　また、被告施設は、主治医を、休日及び夜間も受信可能で入院設備も整っている葦空上病院に変更した。そして、原告の熱が三七度以上のときは、原告の父に連絡を入れたうえ、原告の父ないしは被告施設の職員が病院を受診させている。

ウ　被告施設の支援部は、平成二六年四月二五日付けで、原告の肺炎及び骨折等について問題点と改善点をまとめた文書を作成し、また、被告施設の施設長である厠倍州遠は、同年八月七日付けで、本件肺炎の発症時の対応の遅れ及び鼻骨骨折についての謝罪と、原因及び今後の再発防止策が記載された文書を被告に交付した。

――骨折の謝罪文を書いておきながら『骨折時の紫斑や腫脹をどの職員も見た人がいない』と言うのはどのような理由か。事実、骨折があり、骨がボコッと出ているのだ。――

2　日常的な暴行及び鼻骨骨折について

(1)　日常的な暴行について

本件各暴行のうち、⑧暴行については、被告の主張するとおり、他害行為によるものかが不明であるが、その余の本件各暴行については、いずれも原告が、被告施設内で他の入所者から受けたものと認められる。

(2)　鼻骨骨折について

原告は、平成二五年四月一三日に、Ｉさんが投げた椅子が原告の顔面に当たった結果、原告が鼻骨骨折の障害を負った旨を主張し、原告の父は、同月一五日に原告の顔全体が黒紫になって毬のように腫脹し、被告施設の職員が原告の腫れはＩさんの上記暴力によるものであると言っていた旨の陳述ないし供述をし、原告の叔母であるＨ田○も、同年五月のゴールデンウィークに原告に会ったとき、同人の顔面が腫れ上がっていた旨の供述をし、それぞれ上記主張に沿う供述等をする。

しかしながら、被告施設のケース記録には、Ｉさんの上記暴行を窺わせる記載はないこと、また、同月二六日、同月五月六日、同月八日に撮影されたと認められる写真には、原告の顔面が腫れ上がっているようには認められないことからすると、原告の父及び上記Ｈ田○の供述等を直ちに採用することができず、他にこれを認めるに足りる証拠はないことから、Ｉさんの上記暴行により、原告が鼻骨骨折を負ったという原告の主張は採用できない。

――平成二五年四月一五日、私が支払いと契約に行ったとき、直に太の顔を見たから知り得たのだ。再三再四、何かあったらどんな些細なことでも連絡してくれと言ったにも関わらず、一切の連絡もないのに、私が如何にして知り得ることができたのか、連絡が無いから肺炎が膿胸になって大手術になったのです。では、如何して骨折になったのか、また、日付は疑わしいが平成二五年六月七日に善乃氏が、私の義妹のH田○のところに電話をかけ、外泊時に太の顔を見たか等の骨折の確認をしている。義妹は、母の名前と同じ〈ヨシノ〉という名前なので絶対に忘れないと言っていた。そして、二四日には善乃氏がわざわざ入院している太の見舞いに来て、鼻の骨折の骨の出っ張りを確認して、「やはり骨折をしているから良く謝っておいてくれ」と邑右内氏が私に謝ってきている。——

3　安全配慮義務違反の有無について

(1)　上記の通り、原告が、被告施設内で他の入所者より暴行を受けており、その態様、頻度は、別紙書面（ただし⑧の暴行を除く）に記載のとおり、約九年間に一八回、うち後頭部を打ったり、他者の投げた椅子が当たるなどの危険な態様のものがあり、うち半数の暴行はIさんによるものであることも認められ、このような状況は改善していくべきであることは明らかである。しかしながら、本件全証拠を検討しても、原告が日常的に暴行を振われていたとまでいえるかは疑問であること、また、本件各暴行（⑧の暴行を除く）の結果、治療を要するような傷害を負ったとは認められないこと、原告は同室者とは良好な関係を築いており、知的障害を抱える原告が転寮して生活の環境が変わることによる精神的負担も少なくないと考えられ、また、二寮にも他害行為を行う入所者がいなかったわけではないこと（上記1⑴ア⑴、⑼）からすると、原告を転寮するか否かはというのは慎重な判断を要する問題であったと認められる。そして、心身に障害を抱えている多数の成人男性が共同生活を送るなかで、利用者同士のトラブルを完全に防止するのが難しいことは否定できないところ、そのような中、被告施設においては、入所者が安心して生活できるように、原告に対して他害行為を行う入所者に対する支援の在り方等を話し合うなどしていたことや、本件各暴行のうち、原告の父ないし原告の母に報告をしいたものであったこと等（上記1⑴ア、⑴、⑼）を総合的に考慮すると、被告において原告の転寮の措置を取らなかったこと等をもって、安全配慮義務に違反したとまでは言い切ることはできない。

――父や母に報告していたという事実は全くない。それゆえの結果、肺炎の重症化につながり、肋骨を切除する大手術につながったのだ。――

⑵　本件肺炎の発症時の対応について

上記1⑵で確認した事実によれば、原告は、被告施設に入所時より発熱や肺炎を繰り返してきており、MNクリニックの医師より発熱時には早めに通院するように指導されていたこと、また、平成二五年五月十日午後の時点で三八・二度という高熱が出ており、翌一一日朝に平熱になっていたとしても、その後は三九度前後の高熱が継続していたことからすれば、その間が週末で、医療機関の受診が平日より困難であったという事情を考慮しても、同月一三日の月曜日まで待たずに原告を医療機関に受診させるべきであったと認められる。しかしながら、被告は、本件肺炎の発症から四日目の朝に至って初めて原告を医療機関に受診させていることからすれば、被告は被告施設の入所者の健康及び安全に配慮すべき信義則上の義務を怠ったというべきである。

この点に、被告は、本件肺炎の発症時の対応については予見可能性が無かったと主張するが、前期のとおり、原告については、以前から、医師より、原告の体質に鑑み、発熱時に早めに受診させるようにという指導を受けていたこと等からすれば、予見可能性がないとの被告の主張は採用されない。

——再度申し上げるが、今、改善のため、会議をしていますと言うが、未だもって安全管理などなっていない。——

4　安全配慮義務違反に基づく損害について

前記のとおり、原告は本件肺炎の発症から四日目に至って初めて医療機関を受診しており、原告の父がＯＪ病院の医師から「もっと早く医師の診察を受けるべきであった」と言われたこと（前記1⑵イ(ｲ)）などからすれば、被告施設の対応の遅れと、本件肺炎が重症化したこととの間に因果関係がないとはいえない。そして、原告は、本件肺炎により、手術及び約二か月に及ぶ長期の入院等が必要であったこと（上記1⑵イ）、他方で原告は、肺炎罹患しやすい体質も寄与していることは否定できないこと、被告施設においては、本件退院後、休日及び夜間でも医療機関の受診が可能な体制に変更し、また被告施設の施設長が原告の父に謝罪するなどしていること（前述1⑶イ、ウ）からすると、慰謝料は○○円を認めるのが相当である。そうすると、弁護士費用については○円を認めるのが相当である。

　以上より、原告の請求は、安全配慮義務違反に基づく損害賠償として慰謝料○○円及び弁護士費用○円の合計○○円の限度で理由があるからこれを認容することとし、その余りの請求理由がないのでこれを棄却することとして、主文のとおり判決する。

裁判官名

被告が受けた暴行について（なお、以下に記載の個人名は、被告施設の入所者である）

①平成一五年五月一九日、午後活動中に突然Kさんにより右頬を叩かれた。

②平成一五年六月一九日、入浴中Sさんに髪を引っ張られ、頬をつねられ、原告はやられっぱなしとなった。
③平成一六年六月十日、左腕を誰かに噛まれた痕があった。
④平成二〇年二月二二日、パニックになったIさんに右膝上付近を噛まれた。
⑤平成二〇年三月六日、食堂でSさんに突然突き飛ばされ、転倒し、右後頭部を強打し、たんこぶ、1、2センチメートル程度の裂傷が二か所できて出血した。
——今も後頭部に二か所の傷痕が残っている。——
⑥平成二〇年八月一一日、Iさんに押し倒されて、Mさんとからみ崩れ背中から転倒し、後頭部を打った。
⑦平成二〇年九月一六日、午前活動中に突然Iさんに背中を噛まれた。
⑧平成二一年二月二日、原告が足を剥離骨折していることが判明したが、誰から暴行を受けたのかは不明である。
⑨平成二一年五月二九日、興奮したOさんに顔面を殴られた。
⑩平成二二年一一月四日、顔面に傷があり、夜間にOさんにやられたと思われる。
⑪平成二三年八月二九日、Iさんに背中を噛まれる。
⑫平成二三年九月一日、椅子に座っていたところをIさんに首を引っ張られ、後ろへ

転倒させられ、一分ほど脳震盪のような状態となった。
⑬平成二三年一〇月四日、活動中のAさんに引っ掻かれ、左首に傷を受けた。
⑭平成二四年一月六日、MさんとIさんとの対立のとばっちりを受け、左胸下を噛まれた。誰に？
⑮原告の父はOj病院の医師からもっと早く医師の診察を受けるべきであったと言われたこと、平成二四年三月一五日、Oさんに八つ当たりされ、首筋に傷を受けた。
⑯平成二四年五月二三日、Iさんに右上腕部肩付近を噛まれた。
⑰平成二四年八月二五日、Iさんに背中を噛まれた。
⑱平成二四年八月二九日、Iさんに椅子を投げつけられた。

☆　☆

裁判では、私の意見は殆ど取り上げてもらえなかった。

裁判の期間中、QO市の障害者福祉課に他の施設の移動をお願いし続けるも、移動するのは何処の施設も満床で無理と度々言われ、では、どうすれば良いか伺うと、『QA園とH元さんが仲良くして太さんを看てもらうのが一番良いのですが』ということが裁判を上告しなかった一番の理由で、癌手術の後遺症で尿漏れが長く続き、心身的に悩んでいた時でもあった。

弁護士に話すと、弁護士も、

「一審でこのように判決が出ると、上告してもそんなに変わらないのかな。肺炎の手遅れは認めているし、上告しても骨折については証拠が少ないし、これ以上しても望めなく、無駄なお金だけが掛かるのではないか」と言う。

「では二日間の間に骨折した事実が何時何処で起こったのか？　私がじかに太の顔を見たからこの事件が知り得たのですよ」と言うと、

「その時の写真とか、どの先生に診てもらったかをよく聞けば良かったのだけどね」

と答えるのみであった。

せっかく弁護士を頼んで裁判を起こしたのに、弁護士はこれ以上継続する意志がないことが伝わって来た。

本意ではないが、やむを得ず泣きの涙で、上告せず一旦裁判を打ち切ることにしたが、その後、私に厠倍施設長や善乃部長が私を侮辱、脅し、威嚇、脅迫や嫌がらせが凄いため、太の命の安全を脅かされるおそれがあり、O市障害福祉課の係の職員に相談して、今、QA園から他の施設へデイケアやショートステイ等を試みてQA園を四月末に退所する方向で利用検討している。

十　ふたたび、安全管理の杜撰

I

平成二七年七月二二日、一寮と二寮の改築のため、太は、二寮から四寮（三階）へ転寮となる。

七月二五日、太の部屋三〇八号室に行くと、ベランダ側の扉が全開しているため、神皮《カンピ》氏に、

「扉が全開しています。落ちたら死亡につながり危険です」と言うと、

「落ちる人、誰もいませんから」と言うのだ。

「二寮の時、Ｍｋさんが飛び降りて足を骨折しましたよね」

「あの人は一寮に置いてきたから」とまたも簡単に言うのである。

「健康な人でも心に嫌なことがあると、死のうとか、考えも及ばない行動をするものです。ましで障害を持った人達は、何時、何が起きても不思議ではないのですよ。危険回避することに無駄なことはないのです」

と言って閉めてもらい、いつも施錠することを促し、夏革氏と、東下氏に伝えておいた。

平成二七年八月二九日。また三〇八号室の扉が全開している。神皮氏に言って、施錠をしてもらい、夏革氏に再度、注意するよう伝える。

平成二七年一二月二五日。 一五時四七分、三〇八号室の扉がまた開いているのを再度確認、施錠してもらう。

――「安全管理を徹底します、話し合っています」等と、言葉や会議を開いていると言うが、全く危機管理がされていないのはどのようなことだろうか――

平成二七年九月一二日の保護者会で厠倍《クサバ》氏から、

「通所センターQA園で職員二人が園生に虐待したため、その職員を解雇した」

との報告があった。

通所生は、言葉を話せる人が多く、自分の意思も伝えることができ、家から通っているため、打撲痕などがあれば家族がすぐに判るだろう。捏造や隠蔽することは不可能で、隠すことは出来ないためと思われた。

しかし入所者の場合は家族に連絡しない限り、どんな事件があっても、得意の記録を捏造改竄さえすればバレることはない。H元太の事件等全く生かされていない。

平成二七年九月一五日、虐待の詳細を寮長主任の東下氏に伺うと、

「職員二名で、通所生数名を神社に引率し、散歩に行った所、その中の園生が不穏になったことから、職員が園生に虐待・暴行と思われる行動に及んだところを地域の人に見られ、通報されて発覚したのです」と言う。

これが概ねの内容である。地域の人の通報がなかったなら、この暴行事件も埋没されて職員は平然として知的障害者の支援という聖職に近いこの仕事を続けていたのだろう。日常的に虐待が行われているから、街中に出てもつい露呈したものと考えられる。発覚後、通所施設の上司の施設長が更迭されたと聞いた。

平成二七年十月十日、保護者会の終了時に、厠倍氏が

「皆さん、なにかご意見はないですか」と言うので、私が、

「先月の保護者会でお話された、通所センターでの園生に対する職員の虐待、解雇についてお話がありましたが、詳細に聞かせてもらえませんか。ただ『虐待したから解雇しました』だけでは不明ですので。そしてこのようなことは職員が保護者に詳細に報告する義務があると思うのですが」

と発言すると、四月に園生を神社へ散歩に連れて行ったことを（この前、東下氏が話してくれたとおりのこと）を述べていた。

平成二八年一月八日。食堂の北側西三〇センチ、南側西二〇センチ、扉が開いているため、MT氏に閉めてもらう。他一〇数回、扉の開け放しあり。

八月六日、利用者のＫｔさんや、Ａｋさんが食堂の扉からベランダへ出たり、入ったりしているところを度々見たので、再度、東下氏に、

「万が一、ベランダを越えて落ちたら、骨折くらいでは済みません。落命しますよ」と言うと、

「お父さん、四寮は電話が来たり面会者があったりと、忙しい寮棟なのです」と答えた。

「忙しい寮棟でも、四枚の扉を閉め、施錠するのに一分もかからないですよ。私が職業訓練所の指導員の先生の免許を取るときに勉強したドイツのハイルリッヒの法則の安全係数（災害を防ぐために、一対二九対三〇〇の数字）があります。危険な箇所があり、人々が三〇〇回ほどの危険を感じると、二九人の人が何らかの災いや怪我を被り、一人の人が重症か死に至るというデータが今も安全係数として世界中で用いられ、安全第一に使われているのです。そして、忙しい忙しいと言いますが、利用者が落ちて死亡したなら『忙しかったから』とかの屁理屈は通りませんよ。職員は何百人もの利用者の人権と生命を守り、人の命を預かっているのではありませんか。この点を充分把握して仕事に従事して欲しいと思います。そんなに忙しいのなら、タイムスタディを半年、一年間と記録をとって、どうしても何月、何日、何曜日の午前とか、午後は此の（タイムスタディ）の通り、人員が不足しているため補充して欲しい等、解決して行って欲しいと思いますが、どうでしょうか」

と伝えた。

園が設立して、五〇余年も経過しているのに、今もなお危険な場所を放置している。

あぁそうか、何が起きても記録を捏造改竄し隠蔽できるという〈特別な特権の奥の手を利用すること〉を全職員に沁みついているからかと思ったら、不安いっぱいになって体が震えてくるのであった。

これを解決するには、私一人の力でどれだけ改善できるかを考えたが、限界を感じ、これは、QK県庁の障害福祉課へ赴いて、協力してもらい、解決する道しかないと考えた。

「県では、指導はしてみますが、指導してもそれを守らないのは園ですから」

と言われた。

「では、利用者が（〇・六メートルのコンクリートの立ち上がりがあり、そこから四角鋼の柵が〇・六メートル、総高一・二メートルの）ベランダの柵に凭れていたり、出入りしているのですよ。今までも、乗り越えても知らぬ存ぜぬで済ませて来たのですか。あなたはそれでも県の職員としての仕事をしていると本当にそう思っているのですか。実際、二階の階段の上から飛び降りて骨折した利用者もいるのです。三階から落ちたら、骨折だけでは済みません。確実に死亡事故につながる恐れがあるのですから、安易に考えず、常に利用者の生命を守ることを第一に考え、危険回避を常に努め、安全確保に努力してもらうようにしてください。

死亡事故が起きてからでは遅いのです。園職員全員で考えて善処するようにしてください。強く指導するくらい出来るはずです。川崎の老人入所施設や、やまゆり園での殺人事件の現実を直視してください。〈利用者が勝手に飛び降りたのですから、職員には何の落ち度もありません〉では済まされません。このような事を未然に防ぐことをQK県庁の障害課がやってくれないなら、どこの社会資源を頼れば良いのですか。誰に頼めば改善してくれるのですか」

と言って帰ってきた。

東下氏から県庁の神氏から指導があったことを聞く。それでも扉が開いているのを私が見たときは、利用者のために施錠をしてもらうよう、積極的に言うことに努め、改善を促してきた。

Ⅱ

平成二八年九月二日、善乃《ヨシナ》部長から、

「厠倍《クサバ》施設長から、話して来いと言われたのでお話しします。県庁の障害福祉課の神氏から電話があり、施錠の件とか、事故マニュアル等のことを言ってきたがと、平成二六年一一月八日の保護者会で、皆さんに渡したのが、〈事故マニュアル〉です。H元さんは、保護者会を休んだのでしょう」と言う。

「私は休んでなんかいませんよ」と答えた。

「これが〈事故マニュアル〉です」
と言って、次の資料を渡された。
——これが、〈事故マニュアル〉です、と。——

——【資料7】——

平成二六年一一月八日
【園内で発生した事故及び苦情の対応について】

社会福祉法人QA会QA園施設長　厠倍州遠

一、園としての改善していく点
①発熱への対応
◆三八℃を越える発熱が確認され、八時間以上継続した場合は医療機関を受診します。
——発熱後、八時間も放っておくのだろうか？　生きられる人も死に至る——
個別の状況によっては、発熱を確認次第、すぐに医療機関を受診します。（夜間、

休日含め、全職員で対応する）

②怪我への対応・特に頭部の怪我に対して

◆頭部への怪我の場合は、直ぐに医療機関を受診・CT検査等を行い、医師の指示で経過観察を行います。経過観察は、一時間おきに行い、個人記録に状況を記載し、寮内支援員で共有します。また、医療室看護師にも医師の指示を伝え、経過観察の内容を随時共有します。容態の急変があれば、救急車を要請し、適切な医療機関につなげます。

③ご家族への連絡

◆上記のような案件が発生した場合は、すぐに家族へ連絡し、その後の経過も随時報告します。

④事故加害者利用者（家族）からの謝罪について

◆利用者が他の利用者に危害を加える事故があった場合には、加害者の家族にもその旨を伝え、直接の謝罪も含め、被害者及びその家族が納得し、謝罪を受け入れて頂く状況を事業者の責任としてつくります。

⑤事故が起こったことへの対応

◆事故が起こった原因を明らかにし、二度と同じ事故が起こらないための『事故の外因、今後への改善』を当該セクションで議論し、その結論を事故報告書に記載

します。（被害にあわれたご家族のコメントも含ませて）

――園内で事故や事件が起きてもひたすら隠蔽しようと記録を捏造するのはどのような事だろうか――

◆運営委員会を事故対策委員会と位置づけ、今後への改善について議論、明解に職員会議の場で、職員全体で確認します。

◆事故を未然に防ぐために『ヒヤリハット報告書』を作成し、小さな事象にも見逃さず確認し、改善、注意喚起を促していきます。運営委員会で報告し、職員全体で確認します。

⑥「苦情受付窓口は善乃、解決責任者は厠倍」を明確にします。保護者会やさまざまな場での利用者、家族からの提案、指摘を受け付け、記録として記入し、改善を実地します。苦情の内容、改善の方針は、運営委員会、職員会議で報告し、改善方針も含め、園職員に周知します。

――記録します、と言うが、捏造したものを記録すれば、それが肯定してしまう――

◆寄せられた苦情の内容については、ありのまま保護者会の場でご報告し、最低年一回、プライバシー、個人情報に配慮した形で広報誌、ホームページで公開します。また、園内に掲示し、各保護者への連絡文書として配布し公開、周知を行います。

――このようなことは全く実地されていない――

⑦日々の記録・事故報告書の公開

◆利用者、保護者の求めがあった時には、日々の支援記録、事故報告書等について、当該利用者の内容については開示いたします。

――平成二六年一〇月一七日と、平成二九年九月一二日の『会話の録音をさせてもらいます』と録音したものの開示の請求を拒むのはなぜか――

二、今後について

◆A園として、言葉を持たない、自分の意思を訴えることのできない利用者にも、人間的な人権を尊重した、安全で楽しい生き生きとした生活を送っていくことができるよう、職員全体で支援して行きます。

（以上全文）

☆　☆

《上手いことを言い並べても全く履行せず、履行を促すと威嚇脅迫するのはなぜか》、たったA4用紙二ページの右記のものを私に持って来たのだった。

「これは〈事故マニュアル〉ではなく、園の今後の方向性を示したものではないですか」

と問うと、善乃氏が、

「この資料が〈事故マニュアル〉です。ＱＡ園はこれでやっているんです」

と言って、私に渡した。この全文を見て、〈事故マニュアル〉とは程遠いものだったため、「これはマニュアルではないですね。施設長の厠倍氏は、日本福祉大学を卒業していると いうが、マニュアル自体の意味も知らない、よほど無知な人なのでしょうか。私も看護師であった時、〈事故マニュアル〉の作成一員として参加していましたが、事故マニュアルがＡ４用紙にたった二ページなどで収まりまとまるものではないですよ。これがマニュアルだなんて……あまりにも人を馬鹿にしています。〈事故マニュアル〉〈感染マニュアル〉は、その性質上別々なものなのです。〈事故マニュアル〉は、暴力、転倒、骨折、打撲、誤飲、誤薬などの事故が起きたとき、重体や死に至ることを未然に防ぐには、どのような手順で対応すれば防ぐことができるかの手順書であるのに、手順が全く記載されていないマニュアルは、マニュアルではない」

と言うも、無視するごとく、威嚇するのには驚いた。

「ＱＡ園では、これでやっているのです」と強く言い切っている。

全く危機管理責任がない。だからこのような事件が度々起き、命に関わる事件が起きても、医者にも診せず、保護者にも連絡せず、露呈すれば記録を捏造改竄し、〈知らぬ、存ぜぬ〉と言って、今までもこのような支援を五〇余年もして来たのだ、と確信した。

後日、以前QA園に勤務していたLさんに会う機会があった。

話が進み、太の事件や事故のマニュアルについての話になった。

「感染症の混ざった、たったA4用紙の、手順のないものを〈これが事故マニュアルです〉と言ったので、『これは事故マニュアルではありません、手順もないマニュアルなんて初めて見ました』と言ったのですが、『QA園は、これでやっているのです』と言ってまったく話にならないで、無視、威嚇されました」

と言うと、Lさんは、

「マニュアルは、事故と感染症は性質上、別々でなければならないし、そして、たったA4用紙二ページで収まるようなものではないのですがね、転倒や骨折や切創等の色々の項目があって、その下に細目があるのですから、手順がなければマニュアルではないですよね。QA園には、私達が寄り集まって作成した小雑誌のような〈事故マニュアル〉があるはずですよ」と言っていた。

平成二八年一一月一八日、 善乃氏に

「以前、QA園で働いていた方が、『私達が作成した少し分厚い小雑誌のような〈事故マニュアル〉があると言っていましたよ』。それに『たった二ページだけで事故マニュアルの文章が収まることはない』とも言っていましたし、私も看護の事故マニュアルを作成してい

たから知っていますが、手順の記載された〈事故マニュアル〉があるはずですよ」と問うと、顔色を変え、強い口調で、

「誰が言ったのですか、誰がいたのですか、その人の名前を言ってください」

と、今にも私に襲い掛かるような調子で捲し立てて、私を脅すのだった。

「私は、その人の名前は言えません。私を威嚇、脅し、脅迫するのですか」と言うと、

「ごめんなさい、ごめんなさい。脅迫した心算はないです」と、善乃氏が謝った。

Ⅲ

平成二八年六月一二日、八時半過ぎに園から電話があった。

「太さんの顔に湿疹が出現しているのです」

園に行き、太の顔を見ると、顔やからだ全体に強度の膨隆疹があった。

「今朝、何を食べましたか」

と伺い、献立表を見るが、蕁麻疹が出るようなアレルゲンの食物はない。

六時一二分、朝食に「バターロール、胡麻入りパン、野菜ジュース（牛乳を飲むと太は下痢をするため）」。

熱はない。これは急性薬疹だと感じたが、とにかく、日曜日なので掛かりつけの病院で、

皮膚科ではないが、診てくれるというため受診。医師から「フェキソフェナジン〈六〇〉を二錠、薬を出しますから一錠飲んで良くならないようでしたら、次は飲まずに明日専門の皮膚科を受診するように」と指示を受ける。服用しても改善みられず。服用中止、これは急性薬物中毒疹（薬疹）である。

私が看護師として働いているときに二度ほど誤薬で見た薬疹とまったく同じである。

「他の利用者の薬を飲ませたのではないかね」

と訊くと、

「誤薬など、園では絶対にしていません」

と答える。

「二寮にいたとき、同じ苗字のH元Mさんの薬を誤薬したことがあったのですよ」

六月一三日。八時三〇分。園に行き太の全身を確認する。

湿疹や腫脹は、悪化して体全体の膨隆疹から浸出液がタラタラと零れ、特に顔と首からすごく流れて呼吸も乱れているのを見て、あっ、これはやはり急性薬物による中毒疹のアナフィラキシーでありショック寸前であると確信した。

看護学校の授業で教科書やスライドを見たときの映像や、看護師をしているときに誤薬で服用した患者様の症状と全く同じ症状であり、両目も塞がっていて、私が両手で開けると真っ赤な眼が瞼の下にあった。

平成二五年四月一五日に見た、椅子を投げられ顔面の直撃が一昨日あったというときの顔の腫れに似ていて、そして、呼吸も口を開けなければできない「ハァハァ」とした状態だった。

（写真・湿疹・参照）

六月一四日。扉谷《トビヤ》皮膚科を受診する。全身を診て、

「これは急性薬物による中毒疹です。お薬手帳を見せてください」と医師が〈お薬手帳〉を見て、

「常備薬には、薬疹になるような薬等はないですね。この湿疹に良く効く薬と、足の白癬の薬も出しておきましょう」と。

リンデロン錠〔副腎皮質のステロイド剤〕（〇・五）三錠、ムコスタ（一〇〇）三錠三X、塗り薬、フルコートF軟膏二五グラム、プロペト二五グラム。

足の白癬には、亜鉛華軟膏『ヨシダ』二〇グラム、フロリードDクリーム一％の投薬を受けて、山肚《ヤマト》眼科を受診、眼科の医師も太の顔を診て、

「辛いのね。湿疹で眼も開けられなくて」

と、クラビット点眼液〇・五％を五㎖、フルメトロン点眼液〇・〇二％を五㎖、コメトー

般フルオメロン点眼液〇・〇二%を一日三回、両眼に点眼。

午後、おやつを食べさせに行くと、眼を三ミリくらい、ようやく開けていた。見るからに哀れで不憫だった。

園の職員が太に他の利用者さんの薬を服用させ、誤薬をしたとしかアレルゲンは考えられないため、帰園時に再度訊くと、

「誤薬などは絶対に園ではしていません」強い口調で言うのだった。

六月一四日
「平成二五年にH元Mさんの薬を誤薬したことがありましたよ」と私は言った。

昨日とあまり変わりなく、顔や首の所々に染みが観られ、完治しても染みや何か後遺症が残るのでは、と心配だった。

六月一六日
扉谷皮膚科を再診。血液検査の結果、薬物性中毒疹で、原因は不明だという。検査データをもらう。未だ全身に浮腫と赤い湿疹があり、入浴は無理だがシャワー浴の許可あり。湯船には絶対に入らないようにとの指示を受ける。前回と同じ投薬を受けるが、一錠ずつ減り二X朝夕に、明日からは、昼の服用は中止となる。

六月一七日
一三時三二分、園に行くと、シャワー浴中、東下氏に、

「太の湿疹は、私も仕事で何度か見ましたが、まったく誤薬の薬疹に似ていますね」

と言うと、

「誤薬はしていません」と答えるため、看護学校の教科書の写真を見せ、

「全く同じでしょう」と言うと、口調を強くして、

「誤薬はしていません」と言い切る。

「アレルゲンは何かと考察していくと誤薬のほかに考えられず、ショック寸前の症状なのですよ」と言うと黙っていた。

ショック状態に入ってしまうと生命を脅かし、死に至るケースもあるのだ。

シャワー浴から出てきた太の身体を見るとだいぶ湿疹が軽減したように思われたが、まだまだであった。

六月二〇日

扉谷皮膚科に再診。経過は良好だが、まだ湿疹が消失してない。服薬は飲み切り中止しても良い。軟膏の塗布は続けるようにと医師から指示を受ける。

六月二四日

湿疹は、あらかた痂疲形成をして少しの落屑あり、消失しつつあるが、まだ股間に湿疹が残っているため、軟膏がなくなるまで塗布し終了。足の白癬は、毎日風呂の無いときは足浴して、軟膏がなくなった時点で受診するように言われる。その後、入浴後、たびたび

軟膏の塗布忘れがあったため、確認して私が塗布することも度々あった。

その後、東下氏に、

「あの湿疹は、医師が急性薬物による中毒薬疹と言っていました。その原因は、利用者の薬の誤薬としか考えられないですね」と再度言うと、

「誤薬は、していません」と繰り返すのみ。

「医師が急性薬物中毒疹と言っていたのを、職員の南鼻氏も一緒に聞いていますよ。アレルゲンは誤薬しか考えられないのです。あれは、アナフィラキシーショックの寸前だったのですよ。ショックに入ってしまったら一〇〇％死亡するのです。以前も二寮で同じ苗字のH元Mさんの薬を誤薬し、職員が医師に報告し指示を受けたことがあったのです。誤薬したときは、アナフィラキシー症状の緊急事態を想定し、早急に医師に報告し、医師に診てもらい、医師の指示の許、胃洗浄や下剤の服用とか点滴を施行するなどの処置をして、未然にアナフィラキシーショックを回避することをするのです」

と、再度アナフィラキシーについての看護師時代の文献資料を東下氏に見せた。

園の嘱託医は隣のS病院の医師で、歩いても三〇秒ほどの所が受付なのである。

人の命を大切にする、という理念を、このQA園の施設の職員達は、一人も持っていないのか、持っていても厠倍施設長や善乃部長が優生思想を持っているからなのか……。

「今度、人事異動があったときは、役職の地位を与えるからこのように書きなさい」と捏造を書かせられたりしていれば、何かが起きても如何にでもなるのだと知らないうちに洗脳されていくのだろう。

障害者の人権を尊重して、人命を守るという崇高な姿勢は、歪んだ思想に変容し、職員はみな優生思想に染まっていくのだろうか。

この薬疹事件も、私が毎日太の所に顔を出しているから隠すことはできないと思って仕方なく知らせたのだろうと考えた。この事件も、利用者の親や保護者に知らせず、医者にも診せず、死亡後、隠蔽しようとして、簡単に記録を捏造改竄して、〈知らぬ、存ぜぬ〉で済ませてしまう恐ろしさを感じた。利用者を殺したとしても、医師にも診せず、保護者にも連絡しなければ密室世界の中なのだから、隠蔽はいとも簡単であることは言うまでもない。

記録を捏造して記載すれば〈知らぬ、存ぜぬ〉で紳士の仮面を纏い、平気で何食わぬ顔をし、利用者を食い物にし、その支援を生業にしていることの恐ろしさ……。

密室世界の入所施設は、どこにでも存在し、そして平気で利用者を乱暴に扱い、暴力や事故が起きても改善することもしない職員が生まれ、優生思想が強くなり、利用者への殺人事件が起きる構造へと発展する。これが日本の施設の密室世界の現実なのか。このような施設は日本各地に潜在しているような気がしてならない。

〈職員が実際に手を下した事件ではない。利用者同士間の事故だから、私達には責任はな

い。就業規則にも記載されてない〉言いたい放題の施設長がいて、見ていても改善すること
となく放置していることは〈虐待幇助〉になり、命を落とすような事件が発生しても医者
にも診せず、保護者にも連絡しないことは、生きる権利を無視した〈人権侵害〉に当たる
のではないかと思い、このような事件を重くみて対処して行きたいものだと思い悩み、健
常者でも終末期には、障害者と同様に人の世話を受けることを考えてみた。
施設利用者の保護者は、施設を信用してお願い、預けている。しかし、このような事件
が度々発生している現実を目の当たりにしてみると、他の施設でもこのような事件が起き
ても〈知らぬ、存ぜぬ〉と言い流し、〈事実〉を埋没させ隠し、今に繋がっているのだろうか。
このような〈事件〉が今後も発生することを危惧するのは私だけだろうか。
園の職員は、利用者家族から信用を得て、利用者の命を預かり、これを生業にして、自
分の家族を養い糊口しているのだ。
少なくともQA園の厠倍施設長や善乃部長は、このような職業から撤退すべきである。
太のボコッと突出した鼻の右の骨折痕は、片輪のまま、一生涯治らないだろう。
毎日見るたびに心を痛めている。

平成二九年九月一一日、QK県のAIU保険に電話をして、太の鼻の骨折について保険
の適用になるのかどうかを伺うと、

「加害者の保険を使うことになるため、加害者の家族の同意が必要になります」

と言うので、その件を園に赴き、園内で起きた事件だから、加害者であるIさんの家族にお話していただき、承諾を貰って欲しい旨をＡＩＵの伝達を園の缶革事務長にお伝えした。

その後、**平成二九年九月一四日**、話を聞きに行くと、事務長が、

「これについては録音をさせていただいても良いですか」と言うので、

「良いですよ。私は何も悪いことをしていませんので」と答えた。缶革氏が、

「Iさんの家族に、鼻の骨折はIさんが投げた椅子が当たったということとは関係がないと判決が出ていることを話したら、『同意はできない』とのこと。そして『H元さんと話をすると睨みつけて怖いから、H元さんとは話したくないです。事務長にお任せします。』と言っていて、承諾はできません」と言う。

では、鼻が骨折してボコッと突出し、片輪になっている事実があるのはどのようなことなのか。

平成二五年四月一五日に、太の黒紫に腫れている顔を、私がこの目で見たとき、

「如何したのですか」尋ねたとき、職員が、

「Iさんが投げた椅子が顔に当たった」

と言ったのは嘘で、職員が故意か偶然か、ふざけて投げた椅子が太の顔に当たってしまっ

たが、これは拙い、何時も興奮すると度々、傍らにある椅子や物を手当たり次第に投げるIさんに擦り付けたのだろうか。だから、記録を捏造改竄までして隠蔽しようとしたのか。そのように考えると辻褄が合ってくるのだ。私は、

「Iさんの家族から謝罪の電話が来たとき『同じ利用者のことだから何とも思っていない』と伝え、家族に事故等のことを全く連絡しない園の対応の不満を話し、そのような事を言い合った時と、施設長の厠倍氏が謝罪文をくれた日の面談のおり、謝罪にIさんの家族夫婦と面談した時の二度で、Iさんの家族を誹謗したことはないです。厠倍施設長や善乃部長のような誹謗や侮辱、脅しや脅迫、嫌がらせなど一切していません。その時も、Iさんの母親が『如何して家族に連絡をくれないのですかね、あれほど何かあったらすぐに連絡してくださいとお願いしていたのに』とか、私への謝罪の言葉を言っていただけです。私からはあまり声をかけずに厠倍施設長が主に話をしていたのです」

と言うと、

「H元さんと話すのを、怖いからとか睨みつけて恐ろしいからと言っていましたから、Iさんの家族には電話を掛けたり、直に話したり、絶対しないで下さい」

と強い口調で、私を侮辱するのだった。

これは、私に対しての人権侵害ではないだろうか。その後、

「一四日の録音した会話を開示して下さい」と言うが、

「施設長に許可を取ってみます」という。

「施設長などに聞く必要はないでしょう。事務長の責任の許で私に『録音をさせて貰います』と言って録音したのだから……。そして、平成二六年一〇月一七日に録音したものも一緒に開示して下さい。念書には、総てインターネットや保護者の皆さんに開示すると記載されていますよ」と言った。缶革《カンカク》氏が、

「家で不幸があった為、一週間程休みますから」と言って別れた。

平成二九年九月二〇日、善乃氏と面談し、

「平成二六年一〇月一七日の録音の開示と、先週の缶革氏と録音したものを開示して下さい」と再度お願いするも拒否するのだった。

そして、四寮の三〇九号室で一四時四〇分から、善乃氏に再度録音の開示のことを話すも無視されたので、善乃氏が骨折の確認のため、義妹の所に電話をした事と、ＴＫＤ病院に行き太の鼻の骨折を確認しに行った事を確認する。

「平成二五年六月末か、七月の始めに善乃氏は、太が入院している病院に鼻の骨折を確認しに行きましたね」

「病院へ行ったのは行ったが、見舞いに行っただけです」と言う。

——見舞いに行って、顔も見ないのだろうか。——

「邑右内《ムロフ》氏は、私に善乃部長が来て鼻の骨折の確認に来て『やっぱり骨折しているから丁

寧に謝っておいてくれ』と、私に言いましたよ。また、義妹の所に電話して、顔が腫れていて痣等があったかどうかの確認の電話を掛けて来たと言っていましたよ」と聞くと、「電話をしましたが何を話したかわかりません。忘れました」と恍けるのだった。「義妹は、母の名前と同じヨシノという名前なので決して忘れることはない。と言っていましたよ」と言った時、善乃氏が少し顔色を変えた。

〈事実〉の謎を解きほぐし算術的思考をめぐらせば、椅子を投げた★（当事者）は職員の可能性が強くなって来る。記録整理し綴りながら、考えを巡らすと、辻褄が合って来ることに気付いていくのだ。だから記録を捏造改竄までして隠蔽したのだろう。

ＱＡ園で働いている職員は福祉大学の卒業者が大半を占めていると聞いているが、学校では、支援者として〈健常者、障害者に関わらず、一人の人間としての人権を守り、人の道・人間の道徳〉という事を専門的に学んで来た人達なのだろう。しかし、ＱＡ園の職員達は、障害者の人権を軽視しているのだ。

健常者でも終末には、人の世話になり障害者も健常者も人権は等しいもので有るということを学んで来た筈である。何故、この様な基本的なことを自覚しえないのだろうか。

平成二九年一〇月二日、耳垂れにより耳鼻科と顔の湿疹で皮膚科を受診、ＱＯ市役所の福祉課に行き下畑氏に太の鼻の骨折の隠蔽経緯について話した。

「ひたすらに隠蔽しようと記録を捏造改竄までして隠蔽することは、故意か偶然か、ふざけてかは知らないが職員が直に手を持って、太の顔に投げた椅子が当たったのではないだろうか、と考えると〈黒紫に成った顔や毬の様に腫れた顔を見た人が誰もいない〉と言い張ることが解明するのだ。これは、職員が直接手を加えて、投げたとしか考えられない。その様に推理して行くと、捏造改竄した記録も違和感がなく辻褄が合うのです」と言って来た。

そして、市立病院の形成外科に行き、大陸医師に太の片輪になった鼻の形成手術を再度お願いするが、

「受傷した直ぐならば整復が出来たのですが今となっては出来ません。レントゲンを撮って骨折であるということを私が確認したから、診断書にも書いたのです」と言われた。

——診察もしない医師が横槍を入れるのは可笑しい——

「何か有ったら些細な事でも連絡して下さい。飛んで来ますから」と常に言ったにも関わらず連絡しないから、肺炎を拗らせ命を落す様な肋骨一本を取る、大手術に繋がり、また、骨折の後遺症の鼻の出っ張りが片輪と成ってしまったのだ。

総ての事故や事件を何故医師に診せたり、保護者に連絡をしないのかが、これが一番の原因なのだ。それを省みないで、記録を捏造改竄するＱＡ園の職員達。紳士の仮面を被った悪魔の様に見えて来るのだった。

いくら記録を捏造改竄しても鼻の片輪になった、証拠を隠すことは出来ないだろう。投げた椅子が顔面に当たった時、何故医者に受診させなかったのか。そうすれば整復出

来、鼻は奇形にならずに済んだのだ。QA園は、今までも怪我を放置し、熱が出ても一週間以上も放置して、事が明るみになると一八番の記録を捏造し隠蔽して来たのだと考えると身震いする思いだ。

平成二九年一一月二日、QA園の通所施設『すずめ』で太の計画を『すずめ』の淵氏と障害福祉課の下畑氏と私の三人で話し合いあり。

「QA園から太を出して自宅で看る」と言うと、淵氏と下畑氏が口を揃えて「一%もQA園に継続して入所させる気はないのですか」と言ったため、

「一%もない。五月から家に引き取って看て行きます」と私は言い切った。

平成三〇年四月一四日、保護者会総会があり、総会終了時「何か皆さんから質問等ありませんか」と司会者がいう。私は『一五年お世話になって挨拶もしないで退所したのかH元さんは』などと言われるのが嫌な思いがしたため、この場を借りてお世話になった保護者の皆さんに挨拶をする事にした。

「私の子の太は一五年間QA園でお世話になりましたが、今月の二八日を持って退所することになります。このQA園で過ごした太の命を落とす様な事件が度々あり、その中でもパイプ製の椅子を投げられ顔面に当り骨折し片輪になってしまい一生消えません。それなのに、記録を捏造改竄して『知らぬ、存ぜぬ、痣で腫れている顔をどの職員も見た人は居ない』と施設長の厠倍氏や部長の善乃氏が言い張るのです。皆さん骨折すると三〜四週間

は、痣や腫れが続いていることは一般の人でも知っています。太は四週間も海外旅行など、したことは有りません。そして記録を捏造改竄するのです。保護者の皆さんの中で利用者の記録を見た方は居るでしょうか、居ないでしょう。私もそうでした。園がこのような悪意を持って命を落とす様な事件の記録を捏造改竄などするとは思ってもいませんでした。園を信用しお願い預けているからです。此の施設長や部長が障害者の支援の職業には向いてないと思いますが、どうでしょうか？　障害者の為にも施設長や部長は別な仕事を見つけて欲しいと思います。此の実話をある、障害者の家族や関係者の方等から『これは、H元さんの子供の問題としてではなく弱者の障害者を護るためにもこの実話を是非本にして全国に伝えて下さい』と応援を戴き、六月か七月には本を出版出来る運びになりました」と伝えた。

聞いていた則倍施設長はどの様に感じているのだろうか？　無言で反論もなかった。

平成三〇年四月二七日退所の手続きに行き四寮に移ってからまもなく、杉丘さんから、「太さんにテレビかラジカセを買ってやっては如何でしょうか」と言う話があった。

「あそうだ！　入所した時にラジカセとカセットテープを『あのここに置くと他の利用者がいたずらして毀してしまうから預かっておきます』と言って預けたラジカセとカセットテープがある筈です。一寮の方に聞いて見てくれませんか」と言ったがその後なんの返事がなかったので、退所手続きの四月二七日に、

「入所した時のラジカセとカセットテープを戴きたいのですが」と言うと、

「壊れたから捨てました」と女性の事務員の浜辺さんが言うのです。

「壊れてなどはしていませんでしたよ、物品預かり台帳を見れば判りますが見させて下さいませんか、壊れて捨てたといって、保護者にも断らず勝手に捨てるなんて可笑しいですね」と言うも無視。カセットテープはあるのだろうか？　安全危機管理や物品管理など六〇年近くにもなる施設がきちんと管理出来ないでいるという事は一体どういう訳か、園のだらしなさ、杜撰さ、事件が起きても捏造改竄隠蔽と施設の中は、普通では考えられない、外見では解らないことばかりである。職員の誰かが持って行ってしまったのだろうか？

平成三〇年五月二日、通所施設の計画相談員《すずめ》の淵さんに『ラジカセとカセットテープは如何したのか、納得の行く様に』聞いて下さいませんかと頼んでおいた。

五月三〇日、退所後もQA園の通所施設の計画相談員《すずめ》の淵氏に、

「QA園入所の施設長の厠倍氏に、ラジカセのことを、どの様にするつもりなのか、退所後、何の返答も無いから聞いて欲しい。もし、〈園十八番の〉有耶無耶の、知らぬ存ぜぬで居るのなら、一時間後までに厠倍氏から返事が無い時は、警察に被害届けを出しますから、と伝えて下さいませんか」

と、お願いした。すると直ぐに厠倍氏から、電話が有った。

「あのH元さんがラジカセを買ってきて下さい。お金は支払うから」と言う。

「あの私一人で買うことは、また後にいざこざが起きるといけないから園の職員と同伴で買いに行きたいのですが」と言うと、

「もう退所した方に職員を出すことは出来ません、忙しいのですから」と。

「あの、このようなことは、園内で起きたものなのですよ、園に責任があるのではないですか、園の安全管理や物品管理がきちんと管理されていないから様々な事故や命に関わる事件が度々起こるのではないですか」

と言うが話の途中で、ガチャンと電話を切られてしまった。その為、淵氏にこれを伝えると、

「では、私が同伴をいたしましょう、明日一〇時三〇分で」と約束いただいた。

六月一日、太の耳鼻科受診日だったので、これを済ませQO市立病院で検診の書類を貰い、子不革の音四施設に太を送り、三分遅れて一〇時三三分に家に着くと淵氏が来て待っていてくれ、山田電機に行きカセットを買い、テープはシティモールのツタヤに行き買って、返済して貰った。

平成三〇年六月四日、QO市の障害福祉課に行き下畑氏に「ラジカセとCDを《すずめ》の淵氏に仲に入って頂いて弁償して貰った事を報告し、そして、

「斎環氏が福祉課に戻って来たと言うので、お話が有るのですが」と言うと

「午前中は、席を外して居ません。どんな御用件ですか」と言う為

「平成二六年一〇月一七日に斎環氏が立会人として同席していた、その時の録音した物を

開示して貰いたいとＱＡ園に取り付いて貰いたいのですが」と言って、奥を見ると斎環氏が居るのではないか。
「あれ！　斎環氏が居るじゃないですか。お話させて下さい」と言うと
「忙しいから私から話しておきます」と、如何して「居ない」等と嘘を付くのだろうか？
六月一一日、斎環氏に「念書には、『総ての支援記録や事故報告書等について当該利用者の内容に付いては開示致します』と記載されているので開示して貰えませんか」と言うと
「録音を開示すると言う、その様な事は、書いてないよ」
「平成二六年一〇月一七日のＱＡ園で会談した時、録音した時の開示をして欲しいのですが」
と言うのだが
「直接園に言ったら」とか言うため
「貴方が立会人として出席していたのではないですか、お願いします。立会人の役目で」
と言うと
「ＱＡ園に頼まれたから行ったのですよ」と言う
「この様な事は、全く無いと思いますが太の事件に付いて『この様な事件を起こした事は、拙いから記録を捏造、改竄し隠蔽する様』な事は指導していませんよね」と言うと
「言っていませんよ」と眼鏡の中の目の奥の瞳が異様に見えた。
《この時の斎環氏の報告書は、園に都合の良い様な記載が有り、私の強く述べたことは記

載されていなかったのは、どうしてなのか》

六月一五日、ＱＯ市の障害福祉課に行って再度、斎環氏に「また、もしＱＡ園と会合を持った時は立会人として参加して貰えますか」と言うと、始めは、渋っていたようだが出てくれるようだ。また、私が裁判を打ち切った後『嘘つき！嘘つきと裁判で証明されたじゃないか』今年の三月末迄にＱＡ園を出て行きなよ」と脅しや脅迫とも取れるような口調で罵るので有ったため、裁判所に行き《調停について》私は、全く知らないため聞きに行ってきた。

裁判所に行き事の次第を話しアドバイスを求めると、職員の話しでは「個人として調停を持った方が良いと言う。それには厠倍氏の住所を知らなければならない」と言われる。解らない時は、どうしたら良いのか伺うと「弁護士を頼んで、弁護士の権限で調べて貰うことです」とアドバイスを受けた。調停を開くことを念頭に置いていかなければと考えた。

この様な事件は日本国中に埋没してＱＡ園は氷山の一角にすぎないのだろうか、そんな気がしてならない。

その後、日本列島の各地のあちこちの施設内での職員による死傷事件の発生がニュースで取り上げられた。

●いくつかの新聞記事から

1、**平成二九年八月一九日（土）**のニュースから、

岐阜県高山市の介護老人保健施設『それいゆ』で平成二九年七月末以降、入所する高齢の男女三人が相次いで死亡、別の女性2人も骨折などの怪我で入院していたことが判明した。

2、**平成二九年九月一三日（水）**のニュースによれば、

平成二九年九月に起きた栃木県宇都宮市西刑部町の知的障害施設、運営する社会福祉法人 瑞宝会『ビ・ブライト』での四月に入所者の男性（二八）が大怪我を負った事件で、施設に働いていた男（二八）を傷害容疑で一一日逮捕した。男は、知的障害があるという。施設によると、男は三年前に施設に入所し、事件当時は研修の形で働いていたという。

3、**平成二九年九月二〇日**のニュースでは、千葉県市川市の福祉施設の生活に困窮した女性向けの無料・低額宿泊所『さくらグリーンハウス市川』で八月、入所者の遺体が自室で見つかる事件があった。県警は、女性の暴行と傷害致死の疑いで施設長の容疑者を逮捕したが、容疑を否認しているという。

今も日本の何処かの障害者の施設や老人施設に於いてこのような事件が発生しているの

だ。恐ろしく、かつ、悲しくなって来る私だった。

あとがき

法律に疎く、真面目な文章も書いたことのない私が、裁判の訴訟や文章を書くなど、生涯のうち全く縁がないと思っていた。

言葉も喋れず、自分の意思も訴える事の出来ない障害のあるわが子、太《タケシ》に度々の命を落す様な事件を起こし、片輪にしておきながら、医者にも診せず、保護者にも知らせず、『知らぬ、存ぜぬ』と言い張り、記録を捏造改竄し隠蔽するとは、聖職に準ずる人達、ＱＡ園の厠倍州遠《クサバシフト》施設長や善乃呼篠《ヨシナコシノ》部長達の行いは、法治国家日本に於いて許されるものだろうか。

ＱＡ園の大方の職員は、日本福祉大学で『人間の道徳や人の道』についての専門的な知識の学業を積んで卒業し、障害者の支援を生業にしている。

度々、厠倍施設長が、「ＱＡ園は措置時代の体質を今も引き摺って来ているのです」と言っていたが、措置時代とは、戦争や貧困の時代の〈自分たちのような美しい人以外は排除した方が世の為になる〉などの強い優生思想を持っている職員集団なのかと思われてならない。

それ故、QA園の厠倍施設長や、善乃部長は、障害のある人達を支援する仕事には、向いてないのではないかと思うのは、私だけだろうか。

裁判中も、QO市障害福祉課の職員に施設の移動をお願いし続けるも「空きのある施設が無いので無理」とか、「太さんの一番良い方法は、H元さんとQA園が仲良くやってくれるのが一番なのですが」と度々言われ、私自身も癌手術の後遺症からまだ尿漏れが癒えていなかったため、臍を噛む思いを抱きながら、涙を飲んで裁判を打ち切った。

しかし、打ち切った途端、私に、厠倍氏と善乃氏の言葉の暴力とも思われる誹謗侮辱、脅し威嚇・脅迫、嫌がらせの凄さ。これでは、少なくとも、私亡き後、太を抹殺しても何食わぬ顔をして平然と「知らぬ、存ぜぬ」とQA園十八番の、記録を捏造改竄すればすべて隠蔽出来てしまう。「今迄もそうして来た事だ」と全職員間に浸透しているのではないかと考えると身恐ろしく堪えがたいものがあった。

この様なことは、どの施設でも横行して、QA園の事件も『氷山の一角』に過ぎないのかも知れない、と思われて来た。

この様な事件を防ぎ『弱者、障害者のためには』どの様なことをすべきかを考え悩んだ末、このことは、見過ごすことは出来ないとの強い思いから、此の実話を書くに至った。

私の行く手には、凄く狭い、幾つもの曲がりくねった道があった。細い道を漸く通りぬけ、迷いながらも曲がった道を進んで行くと真っ直ぐな道が開けていたが、その先には大きな門の扉に頑丈な錠が掛かっていた。私は、色々と思考錯誤の末、筆の力と言う鍵を手に入れ、その門の扉を微力であるか判らないが、開けようとの思いから、妨げる集団に向かって、弱い障害者の生きる権利・人権を守ろうと、短い余生を掛けて挑んでみた。

長々と拙い文を書き連ねたが、此れも、言葉も喋れず自分の意思を伝えることも出来ない障害者や、また健常者でも老人になると好む、好まざるに関わらず、施設で止むを得ず生活をして行かなければならないのも現実の社会である。

この事件を風化してはいけないと強く思った。しかし、障害者を持っている家族の中には、この様な事実を書くと、なお、密室世界の施設の中では職員などから、陰で虐待や暴力が加わることを恐れてタブーとして来たと思うが、もう好い加減にこの事件を放っておけば、次のQA園の施設が生まれて来て何の解決にもならない。

立ち止まらず、進む他ない。私の残生を賭け、全世界の『弱者の人達』の人権が、脅かされず、生存権について、少しでも安全で安心した楽しい生活を送って貰いたいという私の強い思いから、少しでもこの書が役に立ててもらえたら、と拙い筆をとってみました。

題名を『人の道』に付けたのは、弱い障害者の支援という準聖職に就き、弱い立場の人達を支援する仕事に携わり《障害者の人命や人権を護る》ことを生業とし、家族を養い糊口している。日本の福祉大学を卒業した人達が、命を落とすような事故や事件を度々、起こし、保護者からの苦情も無視、その結果、鼻骨骨折に発展、医者にも診せず保護者にも連絡しないから、私の子供の太は片輪になってしまいました。骨折した直ぐであれば片輪にならなくてすんだのです。それにも関らず『知らぬ、存ぜぬ』と言い張り記録を捏造改竄し隠蔽する行い、人間の最低限度の道徳や道理を踏み躙った狡い行為を平気でする。この施設長や部長が私の子供に加えた数々の実話から付けました。

平成三十年七月吉日

筆者

人の道（知的障害者施設、密室世界の捏造記をあばく）

2018年7月25日　第1版第1刷発行

著　者　橋本 廣秋

発行者　小川　剛
発行所　杉並けやき出版
〒166-0012 東京都杉並区和田3-10-3
TEL　03-3384-9648
振替　東京 00100-9-79150
http://www.s-keyaki.com
発売元　株式会社 星　雲　社
〒112-0005 東京都文京区水道 1-3-30
TEL　03-3868-3275
印刷／製本　（有）ユニプロフォート

Printed in Tokyo Japan
ISBN978-4-434-24983-9 C0036